R. GRAFFIN — F. NAU
Professeurs à l'Institut catholique de Paris

PATROLOGIA ORIENTALIS

TOME IV. — FASCICULE 1

LES HOMILIAE CATHEDRALES

DE SÉVÈRE D'ANTIOCHE

TRADUCTION SYRIAQUE INÉDITE DE JACQUES D'ÉDESSE

I. HOMÉLIES LII A LVII

PUBLIÉES ET TRADUITES EN FRANÇAIS

PAR

RUBENS DUVAL

Professeur au Collège de France

LIBRAIRIE DE PARIS

FIRMIN-DIDOT ET Cⁱᵉ, IMPRIMEURS-ÉDITEURS

56, RUE JACOB, PARIS

LES HOMILIAE CATHEDRALES

DE

SÉVÈRE D'ANTIOCHE

TRADUCTION SYRIAQUE DE JACQUES D'ÉDESSE

(HOMÉLIES LII-LVII)

LES HOMILIAE CATHEDRALES

DE

SÉVÈRE D'ANTIOCHE

TRADUCTION SYRIAQUE DE JACQUES D'ÉDESSE

PUBLIÉE ET TRADUITE

PAR

R. DUVAL

Professeur au Collège de France

HOMÉLIES LII-LVII

AVERTISSEMENT

Les *Homiliae cathedrales* que Sévère composa pendant qu'il était patriarche d'Antioche (512-518), ne se sont pas conservées en grec, mais elles nous sont parvenues dans deux traductions syriaques. La plus ancienne de ces traductions est due probablement à Paul, évêque de Callinice, qui vivait dans la première moitié du vi^e siècle; la seconde a pour auteur le célèbre évêque d'Édesse, Jacques, qui l'acheva en 701. Ces traductions témoignent de l'autorité dont jouissaient chez les Syriens jacobites les *Homiliae cathedrales,* qui sortent complètement du genre de l'homélie syriaque et rappellent d'une manière frappante l'éloquence sacrée des Pères grecs.

Le présent fascicule de la *Patrologia orientalis* renferme six de ces homélies (homélies LII-LVII) d'après la traduction de Jacques d'Édesse conservée dans le manuscrit 141 du Vatican et le manuscrit 12159 du *British Museum*. L'homélie LII, qui traite des Macchabées, a déjà été éditée d'après le manuscrit du *British Museum* par MM. Bensly et Barnes dans *The fourth Book of Maccabees*, Cambridge, 1895; les six autres sont inédites. Le manuscrit de Londres, daté de 868, est très exact; il est décrit dans le catalogue des manuscrits syriaques du *British Museum* par Wright, p. 534 et suiv. Le manuscrit du Vatican, plus ancien, est également excellent et ne présente pas, dans ses parties lisibles, de variantes notables; malheureusement, il était du nombre des manuscrits qui, par un déplorable accident, furent précipités au fond du Nil pendant leur transport du couvent de Scété au Vatican; la majeure partie des pages est effacée et illisible.

Jacques d'Édesse a divisé d'une manière méthodique les phrases de sa traduction au moyen des points d'interponction. On sait par ses travaux sur la massore et la grammaire syriaque tout l'intérêt qu'il attachait à ces matières. Mais les deux manuscrits que nous avons consultés, ne sont pas toujours d'accord en pareil cas; de notre côté, nous ne sommes pas sûr d'avoir reproduit ces points avec toute l'exactitude désirable.

Nous remercions particulièrement M. Brooks d'avoir bien voulu collationner sur le manuscrit les mots peu lisibles sur les reproductions que Mgr Graffin nous avait remises.

RUBENS DUVAL.

---

1. Vatican nº 141 (= V) ܕܪܘܡܝܐ. — 2. British Museum Add. 12159 (= L) ܕܠܘܢܕܢ.

HOMÉLIE LII

SUR LES MACCHABÉES [1].

Le panégyrique des jeunes Macchabées fournira, semble-t-il, à cause de
la splendeur de leurs combats, d'abondantes matières de dissertations à ceux
qui en traiteront. Mais, comme il surpasse toute imagination de l'esprit, il
montrera la faiblesse et la pauvreté de ceux qui feront l'éloge, et combien,
avec de grands moyens, ils demeureront au-dessous de la vérité.

Un peintre qui verrait un objet étrange et en dehors des conditions ordi-
naires, possédant par sa nature une beauté infinie, et qui chercherait à rendre

1. Comp. *The fourth Book of Maccabees and Kindred Documents*, BENSLY et BARNES, Cambridge,
1895; texte, p. ܐ; traduction, p. XXVII.

* fol. 99
r° a.

[Texte syriaque — 15 lignes ; marques marginales 5, 10, 15]

---

cet objet par des couleurs, peindrait sans doute une image parfaitement belle
et convenable qui ressemblerait au modèle si splendide et séduisant, mais
qui serait inférieure à son sujet parce que l'art ne peut reproduire exactement
la beauté naturelle.

Nous aussi, lorsque par les artifices de la parole, pour ainsi dire, nous
voudrons peindre la beauté (εὐπρέπεια) * spirituelle et l'ardeur juvénile et cou-
rageuse pour la religion (εὐσέβεια) des sept jeunes gens, nous dirons assuré-
ment de belles choses, de très belles choses, mais c'est le propre du sujet
que ces choses soient fort éloignées de la grandeur des exploits, qu'elles
s'écartent aussi et soient au-dessous de la nature même.

Nous apprenons seulement que les sept jeunes gens, au sortir de l'en-
fance, s'avançant par la porte de la jeunesse, étaient comme les degrés d'une
échelle, à peu de différence d'âge les uns des autres. Mais ces jeunes gens
souffrirent tous la même mort pour la religion en subissant des supplices de
différentes espèces. Avant eux, *ce fut* Éléazar, un vieillard et un prêtre, qui
enseignait les souffrances pour la vertu plutôt que la Loi[1]. Après eux, *ce fut*
leur mère, d'un âge avancé, qui elle aussi, parce qu'elle supportait héroïque-
ment les supplices de ses enfants, résista à ses sentiments de mère.

* fol. 99
r° a.

1. Comp. II Macc., chap. IV, 18 et suiv.

ܠܐܝܢܐ ܡܫܡܥܬܐ ܠܐ ܡܬܕܡܪܐ. ܠܐܝܢܐ ܕܝܢ ܢܦܫܐ ܠܐ ܡܬܬܗܪܐ. ܟܠ ܬܘܣܦܬܐ ܕܝܢ ܕܐܡ̈ܠܝܢ ܩܠܝܠ ܫܦܝܪܝܢ ܕܝܠܗܘܢ ܫܘܒܚ̈ܐ: ܕܡܪܝܡܐ ܕܠܥܠܠܐ ܐܝܟ ܠܪܘܡܐ. ܠܬܫܒ̈ܚܬܐ ܡܢ ܪܥܝܢܐ: ܘܡܢ ܕܗܝ ܗܕܐ ܐܘܡܢܘܬܐ ܗܝ ܕܡܫܬܘܕܝܐ ܡܫܡܠܝܘܬܐ ܠܡܡܠܠܘ. ܠܐܪܥܐ ܚܕܪ ܡܫܦܠܝܢ ܠܗܘܢ: ܦܪܚܝܢ ܕܝܢ ܠܫܡܝܐ ܕܡܬܪܝܡܝܢ: ܡܢ ܓܦ̈ܐ ܕܝܠܗܘܢ ܡܬܬܪܝܡܝܢ: ܘܠܐ ܒܐܘܡܢܝ̈ܐ ܘܢܘܟܪ̈ܝܐ. ܘܠܘܬ ܐܠܗܐ ܕܣܡܗ ܠܐܓܘܢܐ ܕܕܚܠܬܐ ܕܐܠܗܐ: ܩܥܝܢ ܥܡ ܢܒܝܐ ܘܐܡܪܝܢ: ܡܢ ܠܘܬܟ ܬܫܒܘܚܬܢ ܒܥܕܬܐ ܪܒܬܐ܀

ܡܛܠ ܕܝܢ ܕܥܕܬܐ ܐܕܟܪܬ: ܡܣܬܟܠܐ ܡܕܡ ܕܐܠܗܝ ܘܐܪܙܢܝܐ: ܡܢ ܐܬܠܝܛܘܬܐ ܕܗܠܝܢ ܓܢ̈ܒܪܐ ܡܘܕܝ̈ܢܐ. ܡܬܚܙܐ ܠܝ ܓܝܪ: ܕܛܘܦܣܐ ܐܢܘܢ. ܣܒܐ ܡܢ ܐܠܝܥܙܪ. ܕܢܡܘܣܐ ܗܘ ܕܐܥܬܩ ܕܣܒ ܒܟܬܒܐ: ܛܠܝ̈ܐ ܕܝܢ ܗܠܝܢ ܕܐܬܬܠܡܕܘ ܠܗ ܠܣܒܐ ܘܠܐܡܗܘܢ ܕܝܠܗܘܢ. ܨܠܡܐ ܕܥܕܬܐ ܗܝ ܕܡܢ ܥܡ̈ܡܐ ܡܬܟܢܫܐ ܗܘܬ: ܗܝ ܕܡܢ ܩܕܝܡ ܥܩܪܐ ܕܠܐ ܝܠܕܐ ܐܝܬܝܗ̇ ܗܘܬ: ܒܬܪܟܢ ܕܝܢ ܣܓܝܐܬ ܒܢܝ̈ܐ: ܗܝ ܕܐܦ ܩܕܡܝܬ ܐܬܬܪܒܝܬ ܡܢ ܢܡܘܣܐ: ܣܬܘܟܣ̈ܐ ܗܠܝܢ ܦܬܓܡ̈ܐ ܘܫܘܪ̈ܝܐ ܐܠܦ̈ܐ ܩܕܡܝ̈ܐ ܕܕܚܠܬܐ ܕܐܠܗܐ: ܗܝ ܕܥܠܝܗ̇ ܐܡܪܬ ܚܢܐ ܢܒܝܬܐ: ܕܥܩܪܬܐ ܝܠܕܬ ܫܒܥܐ: ܟܕ ܡܫܬܚܠܦܐ ܗܝ ܕܡܢ ܩܕܝܡ ܐܝܬܝܗ̇ ܗܘܬ ܣܓܝܐܬ ܒܢܝ̈ܐ ܐܬܡܚܝܠܬ܀

Qui, en l'apprenant, ne serait pas frappé d'admiration? Quelle âme ne serait pas stupéfaite? Quelle accumulation d'expressions appropriées à ces exploits pourrait les élever à leur hauteur? Certes par des éloges procédant de l'imagination et de cet art qui promet un style solennel, ils restent à terre. Ils volent vers le ciel; ils s'élèvent par leurs propres ailes et non pas par des ailes artificielles et étrangères. Vers Dieu, qui a institué le combat pour la religion, ils s'écrient avec le prophète : « Auprès de toi est notre louange dans la grande Église[1]. »

En mentionnant l'Église, j'ai tiré de l'athlétisme de ces vaillants confesseurs un sens plus divin et mystérieux. Il me semble que ce sont des modèles : le vieillard Éléazar *est le type* de la Loi qui a vieilli dans l'Écriture; les jeunes gens qui ont reçu les instructions du vieillard et de leur mère sont l'image de l'Église qui a rassemblé les peuples; qui autrefois était sans enfants, mais eut ensuite une nombreuse postérité; qui, elle aussi, s'instruisit d'abord et apprit de la Loi ces enseignements élémentaires qui sont pour ainsi dire le premier alphabet de la religion; elle, au sujet de laquelle la prophétesse Anne dit : « La stérile a enfanté sept[2] », lorsque cette Église qui autrefois avait beaucoup de fils fut affaiblie.

1. Ps. xxi, 26. — 2. I Sam., ii, 5; dans les Septante : ὅτι στεῖρα ἔτεκεν ἑπτά.

1. V. ܡܕܠ ܘܙܢܝ.

---

* Mais comment a-t-on représenté à vos yeux ce stade de la vertu, que n'a pas assombri même ce temps qui s'efforce de détruire les anciens principes? Si ce n'est que, chanté par tous, il fait résonner aux oreilles des nouveautés qu'on n'aurait pas encore goûtées. Les mets exquis du repas, l'Ancien *Testament* les *offre* dans le cycle des années, et le Nouveau *les donne* avec amour sans qu'on s'en rassasie.

En tête, Antiochus le tyran, le cruel par excellence, était assis sur un lieu élevé. C'est le propre en effet de la vanité et de la pauvreté d'esprit de faire croire à ceux qui en souffrent qu'il est dur pour eux de se tenir sur la terre elle-même avec les autres hommes. Ils ont à cœur de s'élever en l'air, de monter et de marcher sur la pointe de leurs pieds[1], de lever le front et de s'exhausser le plus possible, semblables aux cèdres du Liban dont parle le Livre divin[2] en flétrissant leur stérilité et leur orgueil.

Autour de lui étaient rangées de nombreuses troupes de soldats et de porteurs de lances, ceints de leurs armes, qui pouvaient inspirer de la crainte aux spectateurs. En avant étaient placés divers instruments de toute

---

1. Mot à mot : sur l'extrémité de leurs ongles. — 2. Ps. XXXVI, 35.

ܡܫܚܠܦܬܐ ܕܡܫܘܕܥ ܬܫ̈ܢܝܩܐ. ܢܘܟܪܝܐ ܕܝܢ ܡܢܗܘܢ ܘܠܐ ܡܥܕܝܢܐ: ܘܕܡܝܢ ܒܟܠܗܘܢ ܠܡܘܬܐ ܐܠܝܨܬܐ: ܡܫܪܝܢ ܕܝܢ ܒܗ ܒܙܒܢܐ: ܕܡܬܐܡܪ ܕܩܝܩܐ ܘܡܦܣܩܢܐ ܦܪܫܝܢ ܗܘܘ: ܘܒܦܠܓܘܬܐ ܕܒܣܪܐ ܘܢܦܫܐ ܠܐ ܡܦܪܫܝܢ ܠܡܦܠܓܘܬܐ: ܡܦܠܓܝܢ ܗܘܘ ܐܝܟ ܕܡܢ ܒܣܪܐ ܐܘ ܠܢܦܫܐ: ܡܫܪܝܢ ܗܘܘ ܠܗ̇ ܡܢ ܐܣܘܪܐ ܗ̇ܘ ܕܚܘܠܛܢܐ[1] ܕܐܚܝܕܐ܀

ܩܕܡ ܗܘܐ ܕܝܢ ܒܩܕܡܝܬܐ ܟܗܢܐ ܩܫܝܫܐ ܐܠܝܥܙܪ ܗܘ ܕܒܣܝܒܘܬܐ: ܕܡܬܚܙܐ ܗܘܐ ܒܣܥܪܐ ܚܘܪܐ: ܘܒܪܥܝܢܐ ܛܠܝܐ ܗܘܐ ܕܝܢ ܒܫܘܐܠܐ: ܕܢܐܟܘܠ ܡܢ ܕܒܚ̈ܐ ܘܡܢ ܒܣܪܐ ܕܚܙܝܪܐ. ܘܢܫܒܘܩ ܬܘܕܝܬܐ ܕܟܝܬܐ ܕܢܡܘܣܐ. ܣܒܪ ܗܘܐ ܓܝܪ ܛܪܘܢܐ ܕܐܢ ܢܙܟܝܘܗܝ ܠܗ: ܠܢܡܘܣܐ ܢܙܟܐ ܐܦ ܠܟܗܢܘܬܐ. ܕܚܒܠܐ ܕܝܠܗ̇ ܘܚܒܠܐ. ܗܢܘܢ ܕܝܠܗܘܢ ܡܬܦܪܥ ܗܘܐ. ܟܕ ܠܘ ܒܩܘܫܬܐ ܐܢܫܐ ܗܘܐ ܡܩܪܒ ܗܘܐ ܠܗ ܩܪܒܐ ܥܡ ܥܠܡܐ. ܣܒܪ ܗܘܐ ܕܐܦ ܛ̈ܠܝܐ ܘܬܠܡܝ̈ܕܐ * ܢܩܦܘܢ ܗܘܘ ܠܡܠܦܢܗܘܢ ܕܠܐ ܚܪܝܢܐ. ܐܠܐ ܐܬܓܠܙ ܡܢ ܣܒܪܗ ܘܡܢ ܡܚܫܒܬܗ܀ * fol. 99 v° a.

ܒܪ ܩܫܝܫܐ ܕܝܢ ܐܠܝܥܙܪ ܒܦܓܪܐ ܣܒܐ ܘܡܚܝܠܐ: ܐܬܚܕܬ ܠܘܩܒܠ ܐܘܠܨܢ̈ܐ ܩܫܝ̈ܐ: ܚܝܠ ܐܦ ܠܛ̈ܠܝܐ ܗܘܘ ܕܒܦܓܪܐ ܚܡܝܡܐ ܗܘܘ ܘܡܚܝܠܝܢ ܒܥܘܫܢܗܘܢ

1. Sic L; Add. 14599, ܡܢ ܦܘܠܚܢܐ ܡܚܠܡܢܐ corrigé en ܡܚܠܡܢܘܬܗ ܗܘܐ par BENSLY, *The fourth Book of Maccabees*, p. [illegible], note; V. illisible.

espèce de supplices qui représentaient les différents genres de châtiments. Certains d'entre eux, extraordinaires, ne servaient qu'à titre d'épreuve. Mais tous également menaçaient d'une mort amère et violente. Par des lacérations les plus subtiles, si l'on peut dire ainsi, ils déchiraient en même temps la chair et l'âme. Peu à peu ils détachaient celle-ci du lien de leur union intime.

Au premier rang s'avançait le prêtre Éléazar dont la vieillesse se trahissait à ses cheveux blancs, mais qui était jeune d'esprit. On lui demandait de manger de la chair des sacrifices païens et de la chair de porc, et de renoncer au culte pur de la Loi. Le tyran croyait en effet que, s'il triomphait de lui, il vaincrait aussi la Loi et le sacerdoce, dont la ruine serait la conséquence de la défaite du vieillard. C'étaient ces institutions qu'il attaquait, et non pas en réalité les personnes. * Il pensait aussi que les jeunes gens et les disciples suivraient sans résistance leur maître. Mais il fut déçu dans son espoir et dans ses illusions. * fol. 99 v° a.

Éléazar se rajeunit dans son corps vieilli et affaibli contre les dures calamités. Il fortifia les jeunes gens, eux qui étaient d'un corps ardent et vigoureux. Il prouva que la Loi était spirituelle, que le sacerdoce était su-

blime et élevé, en montrant qu'ils possèdent une espérance mystique pour laquelle on doit souffrir, et qu'ils n'existent pas seulement en apparence et par
écrit.

Antiochus était très occupé (πολὺς ἦν) à rire d'Éléazar comme de quelqu'un
qui souffrait inutilement et dédaignait le mets très délicieux de chair de porc. Il
appelait ce mets un bienfait de la nature, et il considérait comme une sottise
de préférer la mort à un mets. Mais il tempérait ses menaces en riant de cet
homme et en même temps en cherchant à l'effrayer. Parfois il montrait à
son égard de la pitié et de la compassion; il disait : *cet homme* est courbé et
affaissé par la faiblesse et le faix de la vieillesse.

Les mêmes sentiments étaient partagés par les serviteurs, les porteurs de
lances qui entouraient en armes *Éléazar* et protégeaient ainsi le roi. De tous
côtés ils entouraient en bon ordre le vieillard comme une tour de vertu. Mais
celui-ci était pour eux inaccessible, complètement inexpugnable et invincible.
Il disait : « Notre Loi, ô Antiochus, est la vraie loi; elle est l'œuvre et le don
de Dieu, et non pas la doctrine d'un homme. Est-ce que tu n'as pas entendu

ܐܢ ܠܐ ܢܐܡܪ ... (Syriac, 16 lines)

parler de Moïse, de son jeûne de quarante jours, de la splendeur et de la
purification qu'il en a tirées, du sommet du mont Sinaï, du nuage, de Celui
qui lui faisait là des révélations, des Tables gravées par le doigt de Dieu,
lesquelles étaient doublement écrites, à l'intérieur et à l'extérieur? A ceux qui
étaient très grossiers, *ces Tables* montraient la face extérieure de l'écriture,
mais à ceux qui les contemplaient avec sagacité, elles indiquaient les profon-
deurs mystiques de l'esprit. De là nous est venue la répulsion pour les mets
de chair de porc, laquelle nous instruit et nous enseigne à contenir la passion
de la gourmandise, à ne pas rechercher les choses délicieuses * et à observer
ainsi la continence. Je respecte donc, ou le fondateur de la Loi qui est Dieu,
ou l'esprit de la Loi. Aux animaux privés de raison, il est permis de se servir,
comme tu le dis, de l'abondance du don de la nature et de jouir des voluptés
sans frein. Mais à l'homme doué de raison, il n'est pas *permis* de faire ni de
manger tout ce qui est possible; il a reçu une loi qui lui interdit certaines
choses et qui lui en permet d'autres. C'est pourquoi nous appelons des brutes
les barbares, eux qui se mettent tout sous la dent en obéissant à la nature

ܡܩܘܘܝ݇ܝܕܐ: ܡܟܘܡܚܝ ܣܠܠܡܐܠܐܠܐ (sic) ܡܥܢܝܙܐܝܠܐ ܢܥܡܡܝ ܠܝܐ ܢܘܝ ܘܡܚܐܝܙܪܝܝ.
---

et non pas à la Loi. Tel est l'esprit de la Loi, pour m'abstenir de parler des sens sublimes et surtout inexprimables.

« Mais je dois encore m'adresser à l'impiété et à l'obéissance qui n'est pas conforme aux mystères. Que dirai-je au sujet de l'extérieur ou de la dignité du Grand Prêtre? J'ai peur de la tunique qui descend jusqu'aux pieds et qui [5] est tissée avec des couleurs variées et différentes. Elle montre que le Grand Prêtre doit être revêtu de tout l'ensemble varié des vertus. J'ai honte devant le pectoral des jugements, le symbole de la vérité, que devaient porter sur la poitrine ceux qui ont reçu le sacerdoce, en entrant dans le Saint des Saints, pour acquérir la raison intellectuelle qui est conduite par la parole plutôt que [10] par la colère et les passions ennemies, pour pouvoir juger comme il faut, pour recevoir comme dans un miroir les révélations d'en haut et les directions et les transmettre aux initiés avec exactitude et vérité. Je suis confus devant la Cidaris, c'est-à-dire la tiare qui couronne la tête du prêtre en signe qu'il s'est fortifié contre les passions. Je tremble devant la bandelette d'or sur le front, [15] sanctifiée par le nom de Dieu qu'elle porte seul gravé en lettres qu'on ne prononce pas. Elle illumine le visage du prêtre qu'elle conduit et auquel elle

* fol. 100
r° a.

---

enseigne que lui seul verra Dieu. Lorsque je suis plongé dans ces pensées
et dans beaucoup d'autres, pourquoi trahirais-je la loi de mes pères? Pourquoi
* serais-je vaincu par un mots privé de raison? Pourquoi souillerais-je ma * fol. 100
bouche qui jusqu'à une telle vieillesse est restée pure? Tu connais par là, ô r° a.

5 Antiochus, l'état de mon âme; prends donc maintenant une épreuve de mon
corps. »

Frappé, comme par des aiguillons, par ces paroles qui étaient pleines de
philosophie, *Antiochus* donna l'ordre de lacérer *le vieillard* par des tortures.
Aussitôt les serviteurs porteurs de lances, ces cruels, se mirent à frapper du
10 poing, à multiplier les blessures. Par des coups de fouet ils le lacéraient,
attaquant ses flancs et déchirant sa chair au point que son sang coulait abon-
damment.

Le vieillard, fixant ses yeux sur le ciel et courant avec empressement vers
la voie céleste, soufflait et suait violemment. A la fin, sans avoir été contraint
15 à exprimer une parole de faiblesse et de lâcheté, il fut livré à l'ardeur du feu.
Alors, lorsque le reste de son corps fut consumé, et après la prière pour le
peuple et les dernières paroles de l'agonisant adressées à Dieu, il s'envola vers
les bienheureuses demeures des anges et des saints Pères.

Les jeunes gens, conformément aux instructions des prêtres, accueillirent
les combats du maître et les méditèrent avec beaucoup de diligence et d'em-
pressement. Ils connurent mieux que les enseignements de la Loi l'endurance du vieillard dans les souffrances, et ils la prêchèrent avec ardeur.
Ils la conservèrent dans leur mémoire avec une exactitude remarquablement
vive, sans aucune faute ni oubli. La science qu'ils reçurent, ce n'est pas prin-
cipalement par la langue qu'ils l'enseignèrent et la transmirent, mais par un
courage à la hauteur des supplices.

Chacun de ces jeunes gens fut amené en public suivant le rang de sa taille.
Le tyran croyait, par un châtiment imposé à l'aîné, changer les autres en les
effrayant. Lequel ne faillirait pas en effet par peur, en voyant les chairs de ses
frères cruellement déchirées et mises en pièces ? Mais tel ne fut pas le résultat.
Au contraire, cette idée de frapper par la peur excita ces vaillants guerriers
armés de la piété (εὐσέβεια) à montrer un courage encore plus grand. L'aîné des
frères songeait que c'était un devoir pour lui d'imiter son maître. Le second
pensait que, outre *le vertueux exemple de son maître, celui de son frère lui
imposait aussi une obligation. Le troisième s'efforçait de surpasser ceux qui
l'avaient précédé dans le combat et d'être un exemple d'héroïsme pour ceux

qui restaient. Tous s'étaient associés les uns avec les autres dans les luttes et
les combats. Chacun d'eux ne combattait pas seulement pour son propre
martyre, mais aussi pour le martyre d'un autre. Celui qui s'était avancé
le premier était une colonne animée pour celui qui suivait, et un symbole nouveau de courage qui subitement avait été écrit et placé devant lui, suffisant
pour l'entraîner vers un zèle égal. Les derniers, en entrant dans le stade,
éprouvaient l'athlétisme de leurs frères encore plus que ceux qui souffraient.
Ils se préparaient à l'épreuve imminente, craignant non pas de suivre les
traces de leurs devanciers, mais de ne pas montrer dans leur corps leur qualité
de frères et la même énergie d'endurance dans les tortures variées produites
par les instruments du supplice.

L'un était allongé sur une roue qui disloquait ses articulations en l'entraînant dans la rotation de son cercle, pendant que des charbons ardents,
placés au-dessous, le brûlaient en même temps. Un autre était dépouillé de sa
peau par des crampons de fer, comme on dépouille un mouton. Un autre, à
l'ordre qu'on donnait de lui couper la langue, tirait de lui-même la langue et
la tendait pour qu'elle fût coupée, montrant par là que si quelque chose de

ܣܝܦܣܐ ܗܘܐ ܠܐܠܗܐ ...

caché à l'intérieur était réclamé pour le supplice, il le donnerait aussi, s'il dé-
pendait de sa volonté de le produire. En effet, chacun d'eux avait grand
souci de mettre en évidence, en face des nouveaux genres de peines, un empressement encore plus nouveau à être éprouvé dans tous ses membres à la
fois et à supporter vaillamment de nombreuses épreuves avant que son âme
ne se séparât de son corps. Ils estimaient que c'est souvent le propre des
animaux d'être abattus dans un seul massacre, tandis qu'à ceux qui se dis-
tinguent par leur énergie il convient surtout de porter sur leur corps de
nombreuses marques * de courage, de marcher ensemble vers le glaive des
adversaires, et de répandre leur sang aussi bien pour leur ennemi que pour
leur parent.

Telle était la puissance des jeunes gens, ces vaillants héros, que je ne
m'attarderai pas à faire le récit des actes de chacun d'eux. Telle était
l'ardeur, la mieux préparée pour combattre, de ces confesseurs invincibles.
De même que les ouvriers qui enchâssent dans une couronne d'or des pierres
précieuses et extraordinaires, ne prennent pas des pierres d'une seule couleur,
mais de couleurs diverses et variées, pour en faire jaillir un seul éclat;
ainsi ces jeunes gens s'élançaient avec joie vers ces inventions de supplice

étranges et variées en ornant de diverses manières la couronne du martyre
par des combats aussi variés que les pierres précieuses.

Lorsque six de ces frères eurent achevé leur course et, par leur course,
furent arrivés à la couronne de l'appel céleste [1], le septième restait le dernier.
5 Il était surexcité par les six martyres précédents et plein d'ardeur pour combattre et lutter pour la religion. Le tyran qui en avait peur cherchait à l'affai-
blir par des caresses et des promesses. Voyant que le jeune homme méprisait
ses offres, il ordonna qu'on amenât près de lui sa mère, dont il aurait pitié à
cause de son âge et parce qu'elle avait perdu ses fils. Il pensait aussi que celle-
10 ci pourrait par sa présence, et à plus forte raison par sa parole, attendrir, flé-
chir et ramener à la nature l'athlète. Il échappait à cet insensé que c'était elle
qui avait aussi oint les autres *frères* pour le martyre et les avait envoyés au
ciel. Et même, près d'eux, à l'instar d'un général ferme et vaillant des guerriers de la religion, elle les exhortait, allant de l'un à l'autre, regardant et
15 craignant qu'un de ses fils ne faiblît et ne chancelât. De chacun d'eux elle
faisait un héros et en même temps elle établissait avec eux un pacte pour le
supplice, dans l'espérance qu'elle périrait par le feu ou qu'elle serait coupée

1. Cf. Philip., III, 14.

comme un arbre, lorsque ces branches sorties de sa souche seraient tranchées. Bref, elle proférait ces paroles * de saint Paul : « Mes fils, que j'enfanterai de nouveau jusqu'à ce que le Christ soit formé en vous [1]. »

C'est en secret et non pas visiblement qu'elle pensait, exhortait et agissait ainsi. Lorsqu'elle se fut approchée publiquement du plus jeune de ses fils conformément à l'ordre du tyran, elle jeta en hébreu une courte parole non seulement dans les oreilles de son fils, mais aussi dans son esprit. Ce n'était pas pour se cacher des serviteurs qu'elle parla dans sa langue paternelle, mais pour rappeler à l'athlète les premiers Pères et leurs anciennes victoires, et le pousser à un zèle égal. Elle enflamma et fit bouillir extrêmement le cœur du jeune homme qui, dans son ravissement, s'empressait d'absorber cette mort amère comme du vin doux. « Détachez-moi des liens, » criait-il à ceux qui se tenaient auprès de lui. Promptement délié par eux, qui croyaient par erreur qu'il était revenu de ses sentiments belliqueux, il s'élança et plongea dans un des chaudrons placés devant lui sur un feu flambant. Plus tôt qu'il ne le pensait, il réalisa son désir et rejoignit la troupe céleste de ses frères.

1. Gal., IV, 19.

Après celui-ci, sa mère fit preuve de courage. Elle qui avait été éprouvée
par de pareilles douleurs, qui avait été couronnée par les sept martyres de ses
fils, elle aussi se ceignit de la couronne de ses fils, en montrant par les faits
eux-mêmes de quelle racine avaient germé et crû ces vaillantes pousses. Le
chandelier orné de sept lampes n'éclairait pas le Tabernacle autant qu'elle, par
les sept lampadaires doués de raison de ses fils, faisait étinceler l'Église du
Christ.

Écoutez cela, ô Mères, et élevez vos fils de la même manière. Laissez-les
aller à l'église et encouragez-les à recevoir les enseignements des prêtres. Ne
les faites pas étouffer par les préoccupations mondaines. « Ce qui est visible
n'a qu'un temps, mais ce qui est invisible est éternel, » s'écrie le Christ en parlant par la bouche de saint Paul [1]. Oh! la mère sainte. Oh! l'âme virile dans
un corps de femme. Oh! l'accord des frères qui nous ont montré une même
éducation, une même vertu, une même endurance pour la même espérance, la
même mort honorable. A ce sujet que nous diront * donc ceux qui tirent l'ho-
roscope d'après le mouvement des planètes? Ce n'est pas sans doute à la même
heure comme dans la même station du zodiaque, c'est-à-dire dans la mesure

* fol. 101
r° a.

1. II Cor., IV, 18.

d'un seul point, que leur mère les mit au monde. Ce n'est pas non plus, comme disent les sots Manichéens, parce que tous avaient en soi une grande partie d'un seul pouvoir. Mais la pensée dominante était une pensée pieuse (εὐσεβής), qui était une en eux; c'était la même couronne du martyre qui les invitait.

Ces *martyrs*, en tirant leur zèle de la doctrine de la Loi, précédèrent dans leur course les confesseurs de l'Évangile, de même que saint Jean-*Baptiste* précéda le Christ. *Auparavant* aussi les trois jeunes gens et Daniel, l'homme aux nobles aspirations, furent sauvés du four ardent à Babylone et de la fosse aux lions, et ils apparurent aux Barbares comme des êtres vénérables à cause des miracles et destinés à ramener les Israélites à cette Jérusalem qui est située sur terre. Les jeunes Macchabées, précédant la venue du Christ, la résurrection, la Jérusalem spirituelle, dont l'artisan et le créateur est Dieu[1], l'annonce du Royaume des cieux qui était déjà proche, partirent du stade des combats vers le ciel, en instituant les premiers et en nous enseignant l'espoir de la vie future à laquelle ils nous préparaient. Si ce fait n'avait pas précédé, conduit et dirigé *par la Providence,* que n'auraient pas dit ces Juifs aveugles en voyant mourir dans les supplices des

1. Hébr., xi., 10.

ܘܚܢܢܣ ܚܡܟܐ ܐܡܚܣܚܣܝܗ: ܢܢ ܘܢܒܚܡܚܝ: ܐܗܠܐ ܣܣܚܕ ܘܠܡܚܡܐ ܡܝܡܪ ܦܚܚܣܝ   * fol. 101
r° b.
hommes qui confessaient le Christ? Ces *Juifs* qui n'ont pas d'yeux pour
contempler le victorieux espoir de la résurrection, par les rayons duquel
nous avons été éclairés grâce à la bonté et à la charité (φιλανθρωπία) de Celui
qui nous y convie. A lui la gloire éternelle, amen!

HOMÉLIE LIII

SUR LA CORRECTION, C'EST-A-DIRE LA CALAMITÉ QUI, RAPPORTE-T-ON,
FUT ENVOYÉE PAR DIEU A ALEXANDRIE.

Qu'on ne pense pas que les prêtres ou ceux auxquels a été confiée la
direction du peuple peuvent sans danger se taire. Qu'on ne s'imagine pas
non plus qu'ils font une faveur quelconque aux auditeurs lorsqu'ils paraissent   * fol. 101
r° b.
en public pour parler et enseigner. C'est un devoir qu'ils remplissent en
agissant ainsi, un devoir qui, non rempli, cause une angoisse extrême à ceux

[Texte syriaque — 15 lignes, non transcrites]

qui s'y soustraient. Le prophète Amos dit : « Prêtres, écoutez et rendez témoignage à la maison de Jacob, dit le Seigneur, Dieu le Tout-Puissant [1]. » Isaïe nous donne le même commandement : « Consolez, consolez mon peuple, dit Dieu; prêtres, parlez au cœur de Jérusalem [2]. » Il faut donc, en premier lieu, que le prêtre possède par la purification une ouïe très fine pour pouvoir saisir promptement les révélations envoyées par Dieu, soit les menaces, soit les commandements. Il doit, en second lieu, rendre témoignage au peuple et parler, non pas en tremblant, mais avec une certaine liberté légitime et sage; non pas d'une manière simple, mais « au cœur de Jérusalem », afin que la parole touche les auditeurs, qu'elle ne réjouisse pas seulement l'ouïe, mais qu'aussi elle passe et entre à l'intérieur, et qu'elle envoie vers l'âme le bénéfice des explications.

C'est pour une parole de ce genre que saint Paul écrivait aux Corinthiens [3] : « Mais dans l'Église je veux prononcer cinq paroles par mon esprit, afin d'enseigner aussi les autres, plutôt que dix mille paroles par la langue. »

Les paroles dites par Dieu au prophète Ézéchiel [4] inspirent une grande

---

1. Amos, III, 13 (Septante). — 2. Isaïe, XL, 1-2 (Septante). — 3. I Cor., XIV, 19. — 4. Voir ci-après, p. 27.

crainte à ceux qui sont à la tête du peuple, même à ceux qui montrent de
l'insensibilité. Elles terrifient et prouvent clairement quel est le danger du
silence, surtout pour celui à qui a été confiée la fonction de Grand-Prêtre.
Celui-ci est appelé sentinelle (σκοπός), ou parce qu'il agit et veille pour le
peuple qu'il recherche avec sollicitude, et tout œil le scrute et l'examine lorsqu'il dirige à temps et à contre-temps, suivant la loi apostolique[1], le troupeau
soumis à son autorité; ou parce qu'il est placé devant nous comme un modèle
et un emblème de la rectitude de la vie; on peut dire aussi un σημεῖον, c'est-
à-dire une cible vers laquelle les archers tirent une flèche. Le but (ὁ σκοπός)
est ainsi appelé parce que ceux qui tendent l'arc fixent leurs regards vers le
signe ou le but, * lorsque, au jugé et en visant bien, ils veulent y envoyer une
flèche. De la même manière aussi, le peuple doit regarder vers le prêtre
comme vers le but ou le signe, et diriger toutes ses actions sur sa conduite
et sa parole. Ainsi saint Paul, dont l'œil de sa pensée ne se détournait pas ni
ne s'égarait, mais regardait seulement vers les choses célestes, dit[2] : « J'ou-
blie ce qui est derrière moi et je tends vers ce qui est devant moi. Je regarde

* fol. 101
v° a.

1. Cf. II Tim., iv, 2. — 2. Philip., iii, 13-14.

vers le but (c'est-à-dire le signe); je cours vers la couronne de l'appel supérieur de Dieu. »

Il appelle sentinelle (σκοπός) surtout le prêtre, suivant cette pensée qu'il est d'usage de nommer sentinelle (σκοπός) celui qui se tient sur un mur ou sur un autre lieu élevé, qui fixe ses yeux attentivement et regarde au loin, et qui fait connaître le premier l'irruption et l'approche de l'ennemi ou de quelque autre chose inconnue qui doit arriver bientôt. On peut trouver cette expression (σκοπός) dans le Livre des Rois où elle est décrite d'une manière évidente : « L'enfant sentinelle (τὸ παιδάριον ὁ σκοπός) monta et leva les yeux; il vit qu'une nombreuse troupe s'avançait sur la route de Suraïm, du côté de la montagne. La sentinelle vint en informer le roi et elle lui dit : « J'ai vu « des hommes sur la route de Suraïm, du côté de la montagne [1]. » Et dans un autre endroit [2] : « La sentinelle (ὁ σκοπός) alla sur le toit des portes vers le mur; elle leva les yeux et elle vit un homme qui courait seul en face d'elle. La sentinelle cria et le fit savoir au roi. » Et encore dans un autre endroit [3] : « Et la sentinelle (ὁ σκοπός) se tenait sur la tour de Iezra'el; elle vit la poussière de la troupe d'Iéhu qui s'avançait, et elle dit : « Je vois une troupe. »

---

1. II Sam., XIII, 34 (Septante, II Rois, XIII, 34). — 2. *Ibid.*, XVIII, 24. — 3. II Rois, IX, 17 (Septante, IV Rois, IX, 17).

ܗܟܢܐ ܕܝܢ ܙܕܩ ܐܦ ܠܡܕܒܪܢܗ ܕܥܡܐ. ܕܟܕ ܐܝܟ ܕܥܠ ܕܘܟܬܐ ܡܪܝܡ ܪܡܬܐ ܩܐܡ ܥܠ ܡܓܕܠܐ ܕܡܝܬܪܘܬܐ: ܘܡܬܥܠܐ ܒܣܘܥܪܢܐ ܘܒܬܐܘܪܝܐ. ܡܛܠܗܕܐ ܗܘܐ ܝܬܝܪ. ܐܦ ܥܠܘ ܥܠ ܡܘܬܒܐ ܗܘܐ ܕܡܬܬܣܝܡ ܠܥܠ ܡܢ ܗܢܘܢ ܐܚܪ̈ܢܐ. ܠܡܩܢܐ ܥܝܢܐ ܕܡܪܥܝܬܐ. ܕܕܟܝܐ ܘܚܪܝܦܐ ܘܡܢ ܠܥܠ ܡܬܢܗܪܐ: ܘܩܕܡܝܐ ܚܙܝܐ ܡܢ ܪܚܝܩܐ ܠܢܘܩ̈ܦܐ ܕܐܬܝܢ. ܐܘ ܠܥܘܠܐ ܕܫܐܕ̈ܐ ܐܝܟ ܕܒܥܠܕܒܒ̈ܐ. ܐܘ ܠܟܡ̈ܝܢܬܐ ܕܡܛܫܝܢ. ܐܘ ܠܦ̈ܚܐ ܕܒܝܫܐ ܕܡܬܛܫܝܢ: ܘܢܩܕܘܡ ܢܙܗܪ ܘܢܩܕܘܡ ܢܛܝܒ: ܘܢܕܒܪ ܘܢܬܩܢ ܗܠܝܢ ܕܥܬܝܕܝܢ ܐܝܬ ܠܡܗܘܐ. ܠܒܪ ܡܢ ܒܝܫ̈ܬܐ ܗܠܝܢ ܕܥܬܝ̈ܕܢ ܠܡܦܠ ܒܥܡܐ. ܡܛܠܗܕܐ ܗܘ ܝܬܝܪ ܠܣܟܘܝܐ. ܘܗܘܐ ܐܝܟ ܕܐܡܪܬ ܡܫܡܗ ܠܗ ܟܬܒܐ ܗܘ ܩܕܝܫܐ܀

ܒܬܪܟܢ ܕܝܢ ܬܒܥ ܠܗ ܟܗܢܐ ܕܟܕ ܩܕܡ ܚܙܐ: ܐܦ ܢܣܗܕ ܠܥܡܐ ܒܦܪܗܣܝܐ ܘܒܓܠܝܐ: ܘܝܬܝܪ ܢܨܝܚܐܝܬ ܛܒ ܡܢ ܫܝܦܘܪܐ ܫܦܝܪ ܕܩܠܐ ܘܪܒ ܩܠܐ. ܐܝܟ ܕܐܦ ܒܡܫܡܥܬܐ ܗܝ ܩܫܝܬܐ ܘܦܪܝܣܬܐ ܒܒܝܫܘܬܐ ܗܝ ܕܥܠܡܐ ܢܩܫ. ܫܦܝܪ ܕܝܢ ܕܐܦ ܗܘ ܠܡܠܬܗ ܕܚܙܩܝܐܝܠ ܢܫܡܥ. ܘܢܕܥ ܕܡܢܐ ܕܚܠܬܐ: ܘܕܐܝܟ ܐܝܠܐ ܡܩܡ ܕܝܢܐ ܣܝܡ ܘܢܛܝܪ ܠܟܗ̈ܢܐ: ܗܢܘܢ ܕܐܝܟܢܐ ܗܟܝܠ ܠܐ ܡܟܪܙܝܢ. ܐܝܬ ܗܝ

* fol. 101 v° b.

De même, le directeur du peuple qui, en se tenant sur la tour des vertus comme sur un lieu élevé, est exhaussé en fait et en théorie et, pour cette raison, est placé sur un siège au-dessus de tous les autres, doit posséder un œil intellectuel, pur et perçant, éclairé d'en haut et qui le premier aperçoive de loin les calamités imminentes, ou l'irruption des démons comme des ennemis, ou les embûches cachées, ou les filets dissimulés du Malin, afin d'en avertir le premier, de préparer, de conduire et de diriger les événements *qui doivent en surgir, en dehors des malheurs qui frapperont le peuple. C'est pourquoi l'Écriture sainte le nomme surtout sentinelle (σκοπός), comme je l'ai dit. * fol. 101 v° b.

Ensuite l'Écriture demande au prêtre que, après avoir vu le premier, il en témoigne au peuple librement, publiquement, plus clairement encore que la trompette aux sons joyeux et à la grande voix, afin qu'il touche l'ouïe dure et fermée par la méchanceté du monde. Il est bon qu'il entende aussi la parole d'Ézéchiel et qu'il sache quelle doit être sa crainte, et quel est le châtiment fixé et réservé aux prêtres qui ne prêchent pas ainsi. Cette parole est celle-ci[1] : « La parole du Seigneur vint à moi en disant : « O homme, parle « aux fils de ton peuple, et tu leur diras : Terre sur laquelle je porterai le « glaive ! Que le peuple de la terre prenne un homme d'eux et qu'ils l'établis-

1. Ézéch., XXXIII, 1-7.

ܘܝ ܕܚܠܐ ܘܐܝܟ ܕܚܠܐ ܘܚܙܢܐ ܠܚܠܐ ܘܐܚܕܐ. ܚܙܢܐ ܚܠܐ ܚܙܬ ܚܡܪܝ. ܘܐܪܡܝ
܀

[Texte syriaque: 15 lignes, numérotées 5, 10, 15 dans la marge]

« sent pour eux en sentinelle (εἰς σκοπόν). Si la sentinelle voit le glaive venir
« sur la terre, qu'elle sonne de la corne et informe le peuple. Si celui qui
« entend, entend le son de la corne et ne prend pas garde, le glaive vien-
« dra l'atteindre ; son sang sera sur sa tête ; parce que, en entendant le son
« de la corne, il n'a pas pris garde, son sang sera sur lui. Celui qui aura pris
« garde sauvera son âme. Quant à la sentinelle (ὁ σκοπός), en voyant venir le
« glaive, si elle ne sonne pas de la corne et ne prévient pas le peuple, et si
« le peuple ne prend pas garde, lorsque le glaive viendra prendre leur âme,
« celle-ci aura été prise à cause de son injustice (ἀνομία), et le sang, je le
« réclamerai de la main de la sentinelle. »

En vue de ces menaces — si une sentinelle qui se tait sans prévenir ni
avertir, ne périrait-il qu'une seule âme, est coupable du sang de celle-ci —
que ferons-nous ? Ou plutôt quelle cruelle douleur ne subirons-nous pas,
nous qui avons été établis à la tête du peuple ? Non seulement nous ne prévenons pas de ce qui arrivera, mais aussi nous avons une langue insensible
pour les douleurs posées devant nos pieds et visibles à nos yeux, pour
des douleurs étranges et extraordinaires, qui n'existaient pas même dans le
temps passé et dont aucune mention ne nous a été transmise par l'histoire

ancienne. Nous avons connu en effet, à une époque peu lointaine et aussi dans les temps anciens, * des villes, des régions, des communautés, des nations, qui ont payé la faute des pécheurs et ont souffert cruellement d'épidémies, de pluies continuelles, du fléau de la grêle, de la dévastation des sauterelles, de la disette qui a entraîné le manque des vivres nécessaires. Elles ont éprouvé une maladie pernicieuse et la perte de beaucoup d'hommes qui en sont morts, ou elles ont été livrées en captivité aux ennemis, ou elles ont été frappées d'ulcères et d'abcès incurables.

Qu'il ait été permis aux démons barbares de s'armer ainsi en masse contre tout le peuple d'une ville ou d'une région, c'est une terrible nouvelle dont nous n'avions pas encore entendu parler. Lorsque je parcourais ces malédictions prononcées par Moïse contre ceux qui transgressent les commandements de la Loi et que je lisais les différentes espèces de fléaux, je n'ai rien trouvé de pareil. Mais peut-être citera-t-on cette parole de Moïse[1] : « Le Seigneur te frappera de démence, de cécité et de dérangement d'esprit. » Mais ceci n'est qu'une partie et non pas l'image complète du fléau qui est arrivé maintenant. Il y a en effet dans la calamité même de la dé-

* fol. 102
rº a.

1. Deut., XXVIII, 28.

mence et du dérangement d'esprit. Mais il s'y ajoute encore de ces choses que la parole ne peut exprimer et que l'ouïe ne peut croire. Que des hommes délirent, se jettent à terre, arrachent et déchirent leur chair sans le sentir et deviennent enragés par l'opération de ces démons qui les oppriment, cela mérite que nous l'écrivions. Mais qu'ils s'imaginent qu'ils brûlent et qu'ils rendent éteints des charbons ardents, des καρβώνια, c'est un fait en dehors de la rage démoniaque et en dehors de l'ordre naturel, et nous ne pouvons soumettre à la parole cette douleur qui est au-dessus de la parole. A cela nous devons rattacher, parmi les malédictions de Moïse, cette prédiction qui dit[1] : « Le Seigneur rendra étranges (παραδοξάσει) tes fléaux et les fléaux de ta postérité, des fléaux grands et prodigieux, et des maladies malignes et certaines. » C'est le propre en effet des prodiges d'arriver en dehors de l'attente et de la pensée universelle et commune, d'échapper à la portée de l'esprit, d'étonner parce qu'ils se produisent et de n'être crus qu'après qu'ils sont arrivés. On n'y croirait pas * avant qu'ils n'aient eu lieu. C'est pourquoi Moïse appelle prodigieux et certains de pareils fléaux. Après ces menaces si terribles, il en introduit une autre qui est encore de beau-

* fol. 102
r° b.

1. Deut. XXVIII, 59.

coup plus terrible : « Et toute maladie, dit-il[1], et tout fléau qui ne sont pas écrits dans le Livre de la Loi, le Seigneur les amènera sur toi jusqu'à ce qu'il t'ait détruit. »

La calamité qui a été prédite d'une manière commune et générale, à savoir qu'il arrivera des espèces de fléaux prodigieux, fait certainement partie, il faut le reconnaître, des calamités qui ont été dites pour nous. Pourquoi donc maintenant a-t-on vu en réalité de ces fléaux qui dans les épreuves antérieures ne furent pas connus, autant que je sache? Ce n'est pour rien autre qu'à cause de la prédiction qui avait été faite. Les Anciens des temps lointains et ceux qui, après eux, observaient la Loi de Moïse, alors que les hommes étaient en quelque sorte des enfants et des êtres serviles et n'étaient pas préparés à la crainte du supplice futur et éternel, ceux-là ne pouvaient éviter de pécher. C'est pour cette raison que la Loi et surtout le Législateur ne les menacèrent pas de la Géhenne et du feu éternel. Mais, dès qu'ils avaient péché, aussitôt après leur péché le Législateur les punissait. C'est en effet le propre des enfants et des esclaves de rire des châtiments éloignés. Ils craignent, au contraire, les coups suspendus au-dessus de leur tête et se corri-

1. Deut., XXVIII, 61.

gent. C'est encore le propre des enfants qu'à la menace seule de leur père ils se contiennent et prennent peur. C'est pour cela que, pour les disciples de l'Évangile, comme pour des gens parfaits et des fils, la correction se fait seulement par la menace. Aussi saint Paul, écrivant aux Romains, disait[1] : « Car vous n'avez pas reçu l'esprit de la servitude de nouveau pour craindre, mais vous avez reçu l'esprit de l'adoption. » Ceux qui autrefois commettaient des péchés étaient aussitôt frappés de châtiments. On trouve le fait constaté historiquement dans tout le Livre inspiré par Dieu. Lorsqu'ils oubliaient le service de Dieu et l'observance des préceptes de la *Loi pour se tourner vers le culte des démons, sur l'heure ils devenaient les esclaves des autres membres de la tribu qui étaient leurs proches voisins, ou de quelqu'un des barbares qui étaient en dehors des frontières; ou ils étaient corrigés par d'autres peines. C'est ce qu'enseigne aussi saint Paul en mentionnant quelques Anciens de la manière suivante dans l'Épître aux Corinthiens[2] : « Ne nous prostituons pas comme se sont prostitués quelques-uns d'entre eux, et il en tomba dans un seul jour vingt-quatre (sic)[3] mille. Ne tentons pas non plus le Christ comme quelques-uns l'ont tenté, et ils périrent par les serpents. Ne murmu-

* fol. 102 v° a.

1. Rom., VIII, 15. — 2. 1 Cor., X, 8-11. — 3. Cf. Numb., XXV, 9.

ܡܢܗܘܢ ܪܛܢܘ: ܘܐܒܕܘ ܡܢ ܡܚܒܠܢܐ: ܗܟܝܠ ܡܛܠ ܒܥܠ̈ܬܐ ܗܠܝܢ ܕܐܬܐܡܪ: ܘܠܐ ܡܕܡ ܐܝܟ ܗܘܐ ܒܡܨܥܬܐ ܕܚܛܗ̈ܐ: ܘܕܡܫܬܩܠ ܒܪܫܐ ܗܘ ܕܡܛܠ ܚܛܗ̈ܐ܀

ܡܛܠ ܗܢܐ ܕܐܦ ܢܒܝ̈ܐ ܒܩܠܝܠܐ ܩܠܝܠܐ ܟܕ ܡܬܡܬܚ ܗܘܐ ܙܒܢܐ: ܗܠܝܢ ܕܡܛܠ ܬܫܢܝܩܐ ܗܘ ܕܥܬܝܕ ܘܠܐ ܡܫܬܪܐ ܒܩ̈ܠܐ ܕܝܠܢܝܬܐ. ܗܠܝܢ ܕܡܠܟܝܢ ܡܫܘܕܥܝܢ ܗܘܘ. ܣܗܕ ܐܫܥܝܐ ܐܝܟ ܕܐܡܪ: ܡܢܘ ܢܚܘܝܟܘܢ ܢܘܪܐ ܝܩܕܬܐ: ܡܢܘ ܢܚܘܝܟܘܢ ܐܬܪܐ ܗܘ ܕܠܥܠܡ. ܘܬܘܒ: ܬܘܠܥܬܗܘܢ ܓܝܪ ܕܝܠܗܘܢ ܠܐ ܬܡܘܬ: ܘܢܘܪܐ ܕܝܠܗܘܢ ܠܐ ܬܕܥܟ. ܟܕ ܚܢܢ ܗܟܝܠ ܕܗܝܡܢܢ ܠܐܘܢܓܠܝܘܢ ܥܒܕܝܢ: ܗܠܝܢ ܕܠܣܝܡܘܬ ܒܢ̈ܝܐ ܥܒܕܝܢ ܗܘܝܢ: ܡܓܙܡܢܘܬܐ ܕܓܗܢܐ ܗܘ ܕܝܢ ܕܢܘܪܐ ܗܝ ܕܠܐ ܕܥܟܐ: ܓܗܢܐ ܓܝܪ ܡܛܠ ܗܕܐ ܡܬܩܪܝܐ ܫܠܗܒܝܬܐ ܗܝ ܐܝܟ ܡܐ ܕܠܝ ܡܬܚܙܝܐ: ܡܛܠ ܗܝ ܕܐܝܬ ܗܝ ܕܡܢ ܝܠܝܕܘܬܐ ܐܝܬ ܠܗ ܘܠܐ ܡܬܒܨܪܢܘܬܐ: ܒܟܠ ܙܒܢ ܡܬܚܕܬܐ ܘܡܬܠܗܒܐ: ܘܠܐ ܣܢܝܩܐ ܠܗ ܠܡܕܡ ܠܡܬܪܣܝܘ ܝܩܕܢܗ: ܐܝܟ ܢܘܪܐ ܗܕܐ ܗܝܘܠܢܝܬܐ ܘܡܬܚܙܝܢܝܬܐ: ܠܒܥ̈ܬܐ ܕܚܛܝܬܐ ܗܠܝܢ ܪ̈ܘܪܒܬܐ ܘܕܚ̈ܝܠܬܐ ܡܟܠܝܢ ܗܘܝܢ ܘܠܐ ܡܕܡ ܕܐܝܟ ܗܟܢܐ: ܡܫܬܟܚ ܗܘܐ ܒܪ ܫܥܬܗ ܦܬܐܘܡ ܗܘܐ ܠܢ: ܐܠܐ ܐܡܬܝ ܕܐܦ ܟܕ ܚܛܝܢ ܗܘܝܢ: ܐܝܟ

rons pas non plus comme quelques-uns d'entre eux murmurèrent, et ils périrent par l'exterminateur. » Ainsi, pour les raisons qui ont été énoncées, il n'y avait pas d'intervalle entre les péchés et les châtiments dus aux péchés.

Mais, peu à peu au fur et à mesure que le temps s'allongeait, les Prophètes indiquaient par leurs propres paroles les peines du supplice futur et éternel. Isaïe en témoigne, lui qui dit[1] : « Qui vous annoncera le feu qui brûle? Qui vous annoncera le lieu éternel? » Et aussi[2] : « Car leur ver ne mourra pas, et leur feu ne s'éteindra pas. » Lorsque nous, qui avons cru à l'Évangile, nous faisions ce qui nous valait l'adoption, par la menace de la Géhenne, c'est-à-dire du feu qui ne s'éteint pas — (on appelle Géhenne cette flamme, à ce qu'il me semble, parce qu'elle existe par droit de naissance[3] et sans diminution; en tout temps elle est rajeunie et elle flambe; elle n'a pas besoin pour nourrir son ardeur de ce qui est nécessaire au feu matériel et visible) — nous refrénions les grands et affreux instincts du péché, et rien de semblable ne nous arrivait tout d'un coup et subitement. Parfois aussi lorsque nous péchions, il se passait ce qui se passa pour les

1. Is., XXXIII, 14. — 2. *Ibid.*, LXVI, 24. — 3. Comme il est remarqué dans une note, l'auteur explique γέεννα par γενεά.

ܐܝܟܐ ܕܟܐܦܐ ܚܠܐܬܗܘܢ: ܐܝܟ ܠܘܥܠܐ ܗܘ ܘܚܘܡܬܬ ܢܘܚ: ܐܝܟ ܒܪܩܐ ܡܚܡܬܝܗ ܡܘܩܕܐ ܗܢܘܢ ܘܠܡܚܐܘ ܚܠ ܗܘܡܪ: ܐܝܟ ܣܘܩܠܐ ܗܢܘܢ ܘܚܡܘܩܬܒ ܡܘܗܐ: ܘܢܩܚܠܐ ܐܡܗܠܐ ܢܬܚܝ ܗܘܘܢ ܀

* fol. 102 v° b.

ܐܡܚܠ ܐܝܟ ܡܚܠܐ: ܘܚܝܪ ܗܘ ܘܘܠܚܝ ܘܗܢܝܣ ܡܩܒܝ ܚܚܠܡܗܪ ܣܢܗܝܝ ܗܘܡܝ: ܡܚܝܪ ܗܘ ܘܪܘܚܝ ܗܘܡܝ ܠܗܘܢܘܝ ܚܠܐܩܐ ܚܚܠܡܩܐ ܘܗܠܚܝ ܘܠܚܙ ܗܝ ܠܚܘܡܗܐ: ܚܠܐ ܚܪܘܡܕܐ ܘܘܠܚܝ ܘܚܠܡܬܝ ܝܒܣܚܝ: ܘܐܝܣܪ ܠܐ ܐܠܐܘܗܘ ܣܥܚܠܣܘܡܘ: ܡܥܠܗܘܐܘܠܐ ܐܗܚܝܒܝ ܘܐܣܠܐܘܗܘ ܐܟ ܗܘ ܥܚܕܘܦ ܘܝܣܘܘܠ: ܡܠܗ ܠܚܡܚܕܙܝܠ: ܐܝܪ ܐܡܠ ܘܚܡܚ ܚܠܗ ܩܢܚܡܐ ܚܪܘܠ ܐܡܠܣܠܣܘܡ: ܡܝ ܐܚܙܢܝ ܗܘܡܝ ܚܠܚܝ ܡܚܝ: ܐܒܠ ܚܚܠܚܡܠ ܗܘܠ ܘܡܢܙܢܬ ܘܘܡܚܠܐ ܪܚܠܐ ܠܚܬܚܡܪ: ܡܚܝܪ ܚܠ ܗܘܣܐܡܠܐ ܡܚܘܚܚܡܠܐ ܀ܠܐܠܐ:

ܘܚܠܚܠܡܪ ܐܡܪ ܚܠܘܐܙ: ܚܘܘܠܚܝ ܦܢܝ ܡܣܒܬܢܥܡܐܠܐ ܘܡܚܚܣܪܬܝ ܙܘܘ ܠܚ ܚܡܚܠܣܪ: ܚܗܘܚܬܚܐܠܐ ܐܝܢ ܘܘܠܚܝ ܘܚܠܚܬܝ ܘܠܐ ܡܚܚܣܪܬܝ ܠܐ ܠܠܣܠܚܡܚܠܚܪ. ܗܡܘܝ ܘܗܚܠܐ ܗܘܡܝ: ܡܚܣܢܘܐ ܚܝ ܗܘܩܝܠ ܘܡܚܚܘܚܚܡܚܠܐ ܗ ܘܠܐ ܡܚܚܘܡܚܡܚܢܠܐ ܚܝ ܘܘܠܐ ܘܚܠܚܐ: ܚܝܚܘܡܚܪܐ ܘܠܘܐܙ ܘܠܘܚܚ ܦܚܚܚܣ ܠܚܚܚܘܘܐܝܣܠܚ ܡܚܝ ܦܝܚܬܪܐ ܐܢܩܡܐܚܥ. ܘܘܬܘܡܠܐ ܗܢܘܣܝ ܘܗܚܠܐ ܡܚܚܠܚܡܚܝ ܗܘܘܐ. ܐܚܚܠܐ ܘܢܘܘܚܝ ܚܠܚܚܡܠܚܐ: ܘܘܠܘܐܙܐ ܗܘܣ ܘܚܚܣܢܠܐ: ܐܚܠܚܝܚ ܐܣܠܚܠܐ ܚܚܙܢܠܐ ܚܝܣܘܡܐ: ܗܘܘܐ ܢܘܘܐܙܐ ܘܚܝܒܝܢܚܢܐ ܚܘܘܠܚܝ: ܗܘܘܐ ܘܚܠܗܘܢܘܝ ܘܠܐ ܢܚܝܚܝ ܚܘܦ ܚܝܡܚܘܡܚܠܐ

* fol. 102 v° b.

Anciens : le déluge aux jours de Noé; les éclairs enflammants et les fou-
dres qui fondirent sur Sodome; aux jours de Moïse, les serpents dont les
morsures étaient mortelles.

Mais quand il arriva que, commettant chaque jour * de très graves péchés
et surpassant les Anciens par une perversité contraire à la Loi, nous rîmes
de la menace des peines futures, nous n'en tînmes aucun compte, nous consi-
dérâmes comme une sottise le nom même de la Géhenne, et que nous tour-
nâmes en dérision la chose elle-même comme ne méritant aucune créance,
pendant que chacun de nous disait : « Moi, je jouirai de ce monde qui est
proche et de courte durée, j'en viendrai par toutes les voluptés et les perver-
sités à brûler éternellement dans le feu; il me plaît de saisir les plaisirs qui
sont visibles; quant aux fables de l'avenir invisible, je n'y songe pas », —
alors, c'est alors que *le Seigneur* nous montre les commencements de la
flamme à laquelle nous ne croyons pas et qui ne s'éteint pas. Il fait sortir
d'une manière prodigieuse des charbons ardents des corps humains des dé-
moniaques qui sont torturés de cette manière, afin de faire savoir manifeste-
ment qu'avec le feu final est apparenté et de même genre le feu qui tortura
ceux-ci et auquel ces ignorants ne croient également pas. « Allez loin de

ܠܐ ܡܬܦܣܩܢܐ. ܕܗܘ ܠܗܘܢ ܓܝܪ ܡܢܝ ܐܡܪ ܐܘ ܠܝܛܐ ܠܢܘܪܐ ܗܝ ܕܠܥܠܡ:
ܗܝ ܕܡܛܝܒܐ ܠܐܟܠ ܩܪܨܐ ܘܠܡܠܐܟܘܗܝ܀

ܐܦ ܠܗܕܐ ܕܝܢ ܥܒܕ ܪܚܡܬ ܐܢܫܘܬܐ ܣܓܝܐܬܐ. ܡܛܠ ܓܝܪ ܕܗܐ ܡܢ ܩܪܝܒ ܠܘܬ ܠܬܪܥܐ ܐܬܝܐ ܡܬܬܝܬܐ ܕܝܘܡܐ ܗܘ ܐܚܪܝܐ: ܒܡܢ ܡܪܕܘܬܐ ܕܝܠܗܝܢ ܢܗܝܪܢ ܘܓܠܝܢ: ܘܒܡܢ ܐܘܠܨܢܐ ܕܝܠܗܝܢ ܡܟܐܒܢ: ܡܥܗܕ ܠܢ ܗܠܝܢ ܕܥܬܝܕܢ: ܘܠܐ ܒܡܠܐ: ܐܠܐ ܒܡܢ ܣܘܥܪܢܐ. ܐܝܟܢܐ ܕܠܐ ܒܒܝܫܬܐ ܗܠܝܢ ܕܠܐ ܡܬܦܨܝܢܝܬܐ ܘܕܠܐ ܫܘܠܡ ܢܦܠ. ܟܠܗܝܢ ܓܝܪ ܥܒܕ ܘܡܩܢܐ: ܘܐܦ ܠܡܫܩܠܘ ܡܬܬܠܝܨ: ܟܕ ܡܬܒܛܠ ܕܢܦܠܛ ܠܢ ܡܢ ܒܝܫܬܐ ܗܠܝܢ ܕܠܝܬ ܠܡܥܪܩܘ ܡܢܗܝܢ. ܘܫܘܠܡܐ ܠܝܬ ܠܗܝܢ. ܡܛܠ ܕܐܦ ܡܢ ܫܘܪܝܐ ܡܛܠ ܗܕܐ ܓܝܪ. ܐܝܟܢܐ ܕܢܕܚܠ ܡܬܚܡܝܢ.. ܐܘ ܕܢܒܠܐ ܢܣܝܢܐ ܕܓܙܡܬܐ. ܘܐܦ ܗܘ ܕܝܢ ܗܝ ܕܐܫܬܡܥܬ: ܕܗܢܘܢ ܕܚܫܝܢ ܗܘܐ ܐܟܣܢܝܐ ܐܣܝܒܝܢ: ܦܥܝܢ ܡܢ ܐܝܟ ܥܪܒܐ ܘܥܙܐ: ܢܒܚܝܢ ܕܝܢ ܐܝܟ ܟܠܒܐ: ܩܠܐ ܡܠ ܐܚܪܢܝܬܐ ܕܚܝܘܬܐ ܦܠܛܝܢ ܡܢ ܦܘܡܗܘܢ. ܘܡܬܬܪܣܝܢ ܡܢ ܬܒܢܐ: ܘܡܬܘܪܣܝܢܐ ܕܚܝܘܬܐ ܐܚܪܢܝܬܐ ܠܚܝܘܬܐ. ܡܪܕܘܬܐ ܟܐܢܬܐ ܠܫܛܝܘܬܐ (sic) ܐܝܟܢܐ ܕܠܐ ܡܬܒܠܒܠܘܬܐ ܕܝܠܢ: ܡܛܠ ܓܝܪ ܕܐܝܟܢܐ * ܕܟܬܝܒ: ܒܪܢܫܐ ܟܕ ܒܐܝܩܪܐ ܐܝܬܘܗܝ ܠܐ * fol. 103 r° a. ܐܣܬܟܠ: ܐܠܐ ܐܬܦܚܡ ܠܒܥܝܪܐ ܕܠܐ ܗܘܢܐ ܘܐܬܕܡܝ ܠܗܘܢ: ܘܡܛܠ ܗܕܐ ܐܘ ܟܕ

moi, dit-il[1], ô Maudits, vers le feu éternel qui est préparé pour le diable et ses anges. »

Il agit ainsi par un grand amour pour l'humanité. En effet, comme le dernier jour arrive déjà près de la porte, par des corrections très claires et manifestes et par des calamités très douloureuses, il nous rappelle ce qui arrivera, non pas par des paroles, mais par des faits, afin que nous ne tombions pas dans des maux inévitables et sans fin. Tout cela, il le fait et l'acquiert, et il est même contraint d'infliger des supplices, préoccupé qu'il est de nous arracher à des maux auxquels on ne peut se soustraire et pour lesquels il n'y a pas de fin. Car, dès le commencement, il a employé la menace dans ce but, pour effrayer plutôt que pour éprouver la menace. Et ceci qu'on a entendu dire : que ceux qui souffrent de cette maladie étrange bêlent comme des brebis et des chèvres, aboient comme des chiens, produisent par leur bouche d'autres cris d'animaux, se repaissent de paille, d'herbe et de nourritures propres à d'autres animaux, ceci est une juste correction de notre sottise. En effet comme * il est écrit[2] : « L'homme, étant dans les honneurs, n'a pas compris; il a été * fol. 103 r° a. comparé aux bêtes privées de raison et leur a été assimilé. » Et, comme nous

1. Matth., xxv, 41. — 2. Ps. xlviii, 13 et 21 (Septante).

[illegible]

1. L Sic, lire [illegible]. — 2. [illegible]; V illisible.

n'avons pas même une sensation de la propriété ou de la qualité animale qui est dans notre esprit, il nous reprend par des paroles inintelligibles, en s'écriant comme s'il citait une parole de l'Écriture[1] : « Ta bouche te reprendra et non pas moi. »

Ne nous posons donc pas très méchamment comme des gens qui restent en dehors de cette maladie, alors que, plus qu'eux, nous souffrons du manque de raison. Celui qui émet le cri d'un animal privé de raison ne nuit à personne; au contraire, il est utile en éveillant la pitié et la tristesse chez ceux qui l'entendent. Mais toi, qui possèdes une âme d'animal insensée et privée de raison, qui as revêtu en même temps en toi-même les passions de nombreuses bêtes et qui es aussi varié (πολύμορφος) que les phénomènes appelés signes, à cause de tes défauts et de ton iniquité envers tes proches tu es seulement haï et tu n'es jamais pris en pitié. Et c'est très juste. En effet on prend pitié de ce qui est involontaire, mais on hait ce qui est fait avec intention. Cela indique le châtiment, ceci la méchanceté. En quoi diffères-tu du lion, dis-moi, lorsque, comme dit le prophète David[2] : « Tu es embusqué en cachette comme

1. Cf. Luc, XIX, 22. — 2. Ps. IX, 30, Septante (hébr. X, 9).

un lion dans sa tanière; tu es embusqué pour ravir le pauvre, pour ravir le
pauvre en l'entraînant »? Comment doit-on surtout t'appeler, lorsque tu es
ravisseur comme le lion, cruel comme le loup, irascible comme le chameau,
vorace comme l'ours, ardent pour les femelles comme le cheval — « Ils devin-
rent des chevaux ardents pour les femelles », dit Jérémie en parlant d'individus [1], — frappant des cornes comme le taureau, t'allongeant pour ruer comme
l'âne, sautant sottement comme le bouc, rusé et fourbe comme le renard?
Quand une seule âme souffre de tout cela, peut-elle encore être appelée une
âme? N'est-elle pas plutôt un démon dur et cruel? Eh quoi! N'était-elle pas
bienheureuse l'âme de celui qui devait manger de l'herbe * et de la paille et ne
pas se nourrir comme les hommes ses semblables [2]? De même aussi un certain
prophète a dit [3] en flétrissant des individus qui s'exposaient au meurtre : « Ils
disent : « Immolez des hommes, car les veaux ont manqué. »

Ayons donc honte et corrigeons-nous, ô mes amis et mes frères, et regardons vers notre âme, bien que tardivement. Recherchons par la douleur manifeste et certaine des autres et surtout par l'opération et la correction divines
les maladies secrètes de nous-mêmes. Et nous, pleurons sur nous-mêmes, car,

* fol. 103
r° b.

----

1. Jér., v, 8. — 2. Cf. Daniel, iv, 29, Septante. — 3. Osée, xiii, 2, Septante.

ܗܠܝܢ ܕܥܬܝܕܐ ܡܬܐܠܨܝܢ ܚܠܦ. ܗܘ ܓܝܪ ܕܒܥܠܡܐ ܗܢܐ ܕܩܪܝܒ: ܘܫܘܠܡܐ ܐܝܬ ܠܗ ܢܬܪܕܐ. ܡܘܬܪܐ ܗܘ ܪܒܐ ܠܗܠܝܢ ܕܚܛܘ. ܐܘ ܓܝܪ ܡܫܡܠܝܐܝܬ: ܐܘ ܡܢܬܢܐܝܬ ܡܫܬܪܝܢ ܡܢ ܚܛܗܝܗܘܢ ܐܝܟ ܡܫܘܚܬܐ ܟܐܢܬܐ ܕܐܠܗܐ: ܗܘ ܕܒܟܐܢܘ ܕܚܣܝܐ ܐܢܫܐ: ܘܪܚܡܬ ܐܢܫܘܬܐ ܠܟܠܚܕ ܗܘ ܕܐܝܟ ܕܘܠܐ ܬܩܠ. ܘܫܡܥܝܗܝ. ܟܕ ܒܝܕ ܐܫܥܝܐ ܢܒܝܐ ܡܛܠ ܐܘܪܫܠܡ ܐܡܪ: ܒܝܐܘܗ ܡܛܠ ܕܐܬܡܠܝ ܡܘܟܟܗ: ܐܬܚܣܝܬ ܚܛܝܬܗ: ܡܛܠ ܕܩܒܠܬ ܡܢ ܐܝܕܐ ܕܡܪܝܐ ܥܦܝܦܐ ܠܚܛܗ̈ܝܗ ܘܡܛܠܗ. ܡܛܠ ܗܢܐ ܐܦ ܒܘܝܐܐ ܡܘܣܦ ܠܗ: ܥܡ ܫܪܝܐ ܘܫܘܒܩܢܐ ܕܚܛܝܬܐ: ܡܛܠ ܕܥܦܝܦܐ ܩܒܠܬ ܬܫܢܝ̈ܩܐ ܕܥܠ ܐܦ̈ܝ ܚܛܗ̈ܝܗ: ܟܕ ܒܒܠܝܐ ܛܒ ܝܬܝܪ ܡܢ ܗܘ ܕܙܕܩ ܐܫܢܩܘܗ ܒܗ̇ ܕܘܝܐܝܬ. ܐܦ ܗܘ ܕܝܢ ܡܪܢ ܡܫܡܥ ܒܐܘܢܓܠܝܘܢ. ܡܥܠ ܠܗ ܠܐܒܪܗܡ: ܕܡܦܢܐ ܦܬܓܡܐ ܒܫܝܘܠ ܠܗܘ ܥܬܝܪܐ ܕܡܫܬܠܗܒ ܗܘܐ. ܘܕܢܬܢܝܚ ܠܫܢܗ ܒܢܛܘܦܬܐ ܒܠܚܘܕ ܡܬܟܫܦ ܗܘܐ. ܐܬܕܟܪ ܕܩܒܠܬ ܐܢܬ ܛܒ̈ܬܟ ܒܚܝ̈ܝܟ. ܘܠܥܙܪ ܗܟܘܬ ܒܝ̈ܫܬܗ. ܗܫܐ ܕܝܢ ܗܪܟܐ ܡܬܒܝܐ. ܐܢܬ ܕܝܢ ܡܬܟܪܐ ܐܢܬ ܀

ܐܠܐ ܕܝܢ ܐܦܠܐ ܗܕܐ ܢܣܒܪ ܐܢܫ: ܕܗܠܝܢ ܕܐܬܟܬܫܘ ܒܗ ܒܟܐܒܐ: ܐܝܟ ܗܢܘܢ ܕܚܛܘ ܡܢܢ ܝܬܝܪ ܐܬܪܕܝܘ. ܐܦ ܓܝܪ ܒܡܫܟܚܘܬܐ ܗܠܝܢ ܕܐܝܟ ܗܠܝܢ: ܡܢ ܗܠܝܢ

pour avoir commis de très graves fautes, nous serons destinés aux supplices futurs et éternels dus aux grands péchés. Que nous soyons corrigés dans ce monde qui est proche et qui a une fin, c'est un grand avantage pour ceux qui ont péché. Car, soit en totalité, soit en partie, ils seront déliés de leurs péchés selon la juste mesure de Dieu, lui qui par justice autant que par amour pour l'humanité pèse à chacun ce qui est dû. Écoute-le lorsqu'il dit par l'intermédiaire du prophète Isaïe au sujet de Jérusalem[1] : « Consolez-la parce que son humiliation a été complète. Sa faute lui a été remise parce qu'elle a reçu de la main du Seigneur le double de ses péchés. » C'est pour cette raison qu'il ajoute la consolation à la rémission et au pardon de la faute, parce qu'elle a reçu le double des peines dues à ses péchés, lorsque les Babyloniens l'eurent torturée misérablement plus que de raison. Notre-Seigneur aussi, dans l'Évangile, introduit Abraham qui répond dans le Schéol au riche qui brûlait et sollicitait qu'on calmât sa langue par une seule goutte[2] : « Souviens-toi que, toi, tu as reçu tes biens pendant ta vie, et Lazare de même ses maux. Maintenant ici il est consolé, mais toi, tu es affligé. »

Qu'on ne s'imagine pas non plus que ceux qui ont été frappés d'une douleur ont été corrigés parce qu'ils avaient péché plus que nous. Dans des cas tels que ceux-ci, *Dieu* commence d'abord par ceux qui notoirement sont près

1. Is., XL, 1. — 2. Luc, XVI, 25.

[Texte syriaque — 15 lignes, avec notes marginales « *fol. 103 v° a. »]

de lui plutôt que par les autres. On peut entendre Dieu qui dit dans Ézéchiel aux anges des supplices qui étaient sur le point de ravager Jérusalem[1] : « Entrez dans la ville, détruisez et n'ayez pas de pitié; * commencez par mon sanctuaire. » Et lorsque les fils d'Aaron offrirent un feu étranger et qu'ils furent consumés pour cette raison, il dit[2] : « Dans mes proches je serai sanctifié et devant toute l'assemblée je serai loué. » Saint Pierre, le premier chef des Apôtres, a écrit aussi d'accord avec cela[3] : « Il est temps de commencer le jugement par la maison de Dieu. » Si c'est par nous d'abord, quelle sera la fin de ceux qui ne croient pas à l'Évangile de Dieu? David chante aussi[4] : « Grand est Dieu et terrible pour tous ceux qui sont autour de lui. »

Sachant cela, prévenons la colère par la pénitence; arrêtons-la lorsqu'elle s'étendra sur le chemin et approchera. N'oublions pas que nous sommes comme des justes et que nous ne méritons pas de souffrir comme ceux qui ont déjà souffert. Dieu qui aime l'humanité, qui est sage et qui attend le retour de nous tous à la vertu, ne dirige pas sur nous tous en même temps la verge qui frappe; mais il s'approche différemment et d'une manière variée de ceux qui pèchent. Ceux-ci, il les frappe et leur rend service en leur remet-

1. Ézéch., IX, 5-6. — 2. Lév., X, 3. — 3. 1re Ép. de saint Pierre, IV. 17. — 4. Ps. LXXXVIII, 8, Septante.

* fol. 103 v° a.

ܠܫܘܢܩܐ ܗܘ ܕܥܠܡ ܠܗܘܢ ܘܕܠܐ ܡܫܠܡ: ܐܘ ܡܙܥܪ ܥܠ ܟܠܗ ܐܘ ܥܒܕ ܠܗ ܩܠܝܠ ܡܟܠܐ: ܠܗܢܘܢ ܕܝܢ ܡܢ ܡܪܕܘܬܐ ܕܐܚܪ̈ܢܐ ܡܪܕܐ ܠܗܘܢ ܘܡܟܠܡ ܘܡܗܦܟ: ܐܘ ܟܕ ܐܦܠܐ ܡܢ ܐܬܕܡܝܬܐ ܕܢܕܚܠܘ: ܐܦܠܐ ܥܠ ܒܝܫܘܬܗܘܢ ܐܬܬܘܝܘ: ܡܫܠܡ ܠܗܘܢ ܠܫܘܢܩܐ ܐܚܪ̈ܝܐ ܕܟܐܢܘܬܐ: ܐܘ ܗܫܐ ܐܘ ܒܥܠܡܐ ܗܘ ܕܥܬܝܕ: ܠܐ ܗܟܝܠ ܒܠܚܘܕ ܠܩܕܡܝܬܐ ܢܚܘܪ: ܡܢ ܕܠܐ ܕܥܬܝܕܐ ܠܐ ܡܬܚܫܒܝܢ ܚܢܢ: ܠܡܐ ܚܘܫܒ̈ܐ ܣܟܠܐ ܢܦܠ: ܘܢܐܡܪ ܐܝܟܢܐ ܕܟܬܒ ܒܕܘܟ ܐܝܟ ܚܕ ܡܢ ܢܒܝ̈ܐ. ܣܪܝܩܐ ܗܘ ܗܘ ܕܦܠܚ ܠܐܠܗܐ: ܡܢܐ ܝܘܬܪܢܐ ܕܢܛܪܢ ܢܛܘܪ̈ܬܗ ܕܝܠܗ. ܗܝܕܝܢ ܗܝܕܝܢ ܚܙܝܢ ܢܗܘܐ ܦܪܝܫܐܝܬ: ܒܝܬ ܙܕܝܩܐ ܠܒܝܬ ܥܘܠܐ: ܒܝܬ ܗܘ ܕܦܠܚ ܠܐܠܗܐ ܘܒܝܬ ܗܘ ܕܠܐ ܦܠܚ ܠܗ. ܡܛܠ ܕܗܐ ܝܘܡܐ ܐܬܐ ܕܝܩܕ ܐܝܟ ܬܢܘܪܐ ܘܢܫܠܗܒ ܐܢܘܢ ܘܢܗܘܘܢ ܟܠܗܘܢ ܢܘܟܪ̈ܝܐ ܘܟܠܗܘܢ ܕܥܒܕܝܢ ܥܘܠܐ ܩܢܝܐ: ܘܢܘܩܕ ܐܢܘܢ ܝܘܡܐ ܗܘ ܕܐܬܐ: ܐܡܪ ܡܪܝܐ ܐܚܝܕ ܟܠ: ܘܠܐ ܢܫܬܒܩ ܥܩܪܐ ܕܡܢܗܘܢ
* fol. 103 v° b. ܐܦܠܐ ܣܘܟܐ: ܘܕܢܚ ܠܟܘܢ: * ܠܗܢܘܢ ܕܕܚܠܝܢ ܠܫܡܝ ܕܝܠܝ ܫܡܫܐ ܕܙܕܝܩܘܬܐ ܘܐܣܝܘܬܐ ܒܟܢܦ̈ܘܗܝ܀

ܗܠܝܢ ܕܝܢ ܗܫܐ ܐܬܐܡܪ ܡܢܝ ܡܛܠ ܚܦܝܛܘܬ ܚܒܠܐ: ܐܝܟܢܐ ܕܢܐܠܦ ܕܢܚܘܪ ܗܠܝܢ ܕܒܥܠܡܐ ܕܥܬܝܕ ܢܚܘܪ: ܘܠܐ ܡܢ ܗܠܝܢ ܕܩܕܡܝܢ ܠܥܝܢ̈ܝܢ ܢܬܚܙܐ

tant totalement le supplice futur et éternel, ou en faisant ce supplice très léger. Ceux-là, il les corrige, les fait rougir de honte et les convertit par les châtiments des autres; ou, si par cet exemple ils ne sont pas terrifiés et ne se repentent pas de leur malice, il les livre aux derniers supplices de la justice, soit maintenant, soit dans le monde à venir. Ne regardons donc pas seulement vers les temps anciens. Si nous ne pensons pas à l'avenir, nous tomberons dans de sottes pensées et nous dirons comme un prophète l'a écrit dans un endroit[1] : « Vain est celui qui sert Dieu. Quel profit avons-nous à observer ses observances? » Alors, mais alors nous verrons clairement[2] « entre le juste et entre le pervers; entre celui qui sert Dieu et celui qui ne le sert pas. C'est pourquoi voici que le jour vient qui brûle comme un four; et il les flambera; et tous les étrangers et tous ceux qui pratiquent l'injustice deviendront un roseau; et le jour qui vient les brûlera, dit
* fol. 103 v° b. le Seigneur Omnipotent. Et il ne restera d'eux ni racine ni rameau. * Et pour vous qui craignez mon nom se lèvera le soleil de la justice, et la guérison est dans ses ailes ».

Maintenant, j'ai rapporté ces paroles avec un grand soin (φιλοπονία), afin que nous sachions regarder vers les choses du monde futur et que nous ne

1. Malachie, III, 14. — 2. Ibid., III, 18; IV, 1-2.

ܠܟܐܢܘܬܗ ܕܐܠܗܐ: ܘܠܡܦܪܥܢܘܬܗ ܗܝ ܕܡܦܠܓܐ ܘܝܗܒܐ ܐܝܟ ܕܘܠܐ ܠܟܠ ܚܕ ܡܢ ܗܠܝܢ ܕܚܛܝܢ ܒܛܟܣܐ ܦܐܝܐ. ܙܒܢܐ ܗܘ ܕܝܢ ܗܫܐ ܡܢ ܟܕܘ: ܕܢܚܙܐ ܘܢܬܦܢܐ ܕܐܝܟܢܐ ܟܕ ܡܬܪܥܝܢ ܚܠܦ ܚܛܗܝܢ ܠܐܠܗܐ ܠܘܬ ܗܠܝܢ ܕܣܛܝܢ: ܟܐܒܐ ܗܘ ܕܐܬܐ ܠܘܬ ܐܚܪ̈ܢܐ: ܠܐ ܢܦܓܘܥ ܠܡܦܓܥܘ ܒܐܘܪܚܐ: ܘܢܪܓܐ ܐܦ ܠܐܚܪ̈ܢܐ: ܘܬܐܬܐ ܐܦ ܥܠܝܢ. ܐܝܬ ܗܘ ܓܝܪ ܐܝܬ ܗܘ ܣܡ̈ܡܢܐ: ܗܠܝܢ ܕܒܐܝܕܝܗܘܢ ܡܨܝܐ ܠܡܟܠܐ ܘܠܡܦܣܩܘ ܠܪܘܓܙܐ ܗܘ ܕܡܬܝܠܝܬܐ ܡܢ ܐܠܗܐ. ܘܫܥܬܐ ܕܨܠܘܬܐ ܗܝ ܕܒܝܕ ܒܥܘܬܐ ܢܬܟܫܦ ܘܢܫܒܚܝܘܗܝ ܠܐܠܗܐ: ܥܡ ܟܗܢ̈ܐ ܐܝܟ ܕܡܩܛܪܝܢ ܒܒܣ̈ܡܐ ܢܡܘܣܐܝܬ ܘܡܩܪܒܝܢ ܕܒܚܬܐ. ܦܘܠܘܣ ܦܢܝ ܓܝܪ ܟܕ ܠܥܒܪ̈ܝܐ ܟܬܒ ܐܡܪ. ܕܙܕܩ ܠܡܩܪܒܘ ܕܒܚܬܐ ܕܬܫܒܘܚܬܐ ܒܟܠܙܒܢ ܠܐܠܗܐ: ܗܢܘ ܕܝܢ ܦܐܪ̈ܐ ܕܣܦܘ̈ܬܐ ܕܡܘܕܝ̈ܢ ܠܫܡܗ. ܡܕܡܐ ܕܝܢ ܟܕ ܡܡܠܠܘ ܥܡܗ: ܘܡܪܛܢܘ ܡܓܕܦܢܘܬܐ ܒܢ̈ܝ ܕܐܝܣܪܝܠ: ܘܢܦܠܝܢ ܗܘܘ ܡܢ ܫܠܝ ܒܟܢܫܘܬܐ ܘܡܝܬܝܢ ܗܘܘ. ܐܡܪ ܡܘܫܐ ܠܐܗܪܘܢ: ܣܒ ܡܚܬܬܐ ܘܣܝܡ ܒܓܘܗ ܢܘܪܐ ܡܢ ܡܕܒܚܐ ܘܐܪܡܐ ܥܠܝܗ ܒܣ̈ܡܐ ܘܐܘܒܠ ܡܣܪܗܒܐܝܬ ܠܡܫܪܝܬܐ: ܘܚܣܐ ܥܠܝܗܘܢ. ܢܦܩ ܓܝܪ ܪܘܓܙܐ ܡܢ ܡܪܝܐ: ܘܫܪܝ ܠܗ ܠܡܚܒܠܘ ܥܡܐ. ܘܢܣܒ ܐܗܪܘܢ ܐܝܟܢܐ ܕܡܠܠ ܠܗ ܡܘܫܐ. ܘܪܗܛ ܠܟܢܘܫܬܐ. ܡܢ ܟܕܘ

jugions pas seulement par ce qui est proche la justice de Dieu et sa rétribution qui répartit et donne ce qu'il faut à chacun des pécheurs dans un ordre convenable. Il est bien temps maintenant que nous voyions à nous occuper comment, en donnant satisfaction à Dieu pour nos péchés, nous ne rencontrerons pas en chemin cette douleur arrivée à autrui, laquelle, si nous cherchions à plaire à autrui, viendrait aussi sur nous. Il est, il est en effet des remèdes, au moyen desquels on peut arrêter et interrompre la colère qui vient de Dieu. Pour l'instant, c'est la prière, c'est qu'à l'aide des supplications nous implorions et nous célébrions Dieu de concert avec les prêtres qui font fumer l'encens suivant la loi et élèvent l'hostie. Saint Paul, en écrivant aux Hébreux, dit[1] : « On doit élever en tout temps le sacrifice de louange à Dieu, c'est-à-dire le fruit des lèvres qui confessent son nom. » Lorsque les Israélites, parlant à Moïse et murmurant des blasphèmes, tombaient tout d'un coup en masse et mouraient, Moïse dit à Aaron[2] : « Prends l'encensoir, et mets-y du feu de l'autel; jette dessus de l'encens, porte-le promptement dans le camp et expie pour eux, car la colère est sortie du Seigneur et elle commence à détruire le peuple. Aaron le prit, comme avait dit Moïse, et il courut vers la communauté. Déjà la destruction avait commencé dans le

1. Hébr., xiii, 15. — 2. Nombr., xvi, 46-48.

ܡܚܙܝܢ ܗܘܐ ܠܗ ܠܚܙܘܬܐܢܠ ܚܚܘܚܐ. ܘ/ܘܚܣ ܚܗܩܚܐ ܡܣܢܚܣ ܚܠ ܚܚܚܐ. ܡܡܪ
ܚܣܠܐ ܘܿܢܘܣ. ܘܩܢܣܠܟܣ ܗܘܐ ܡܘܿܢܘܣ. ܝܣܣܝ ܗܘܐ. ܘ/ܠܚܠܟ ܡܚܡܐܢܠ ⁖
ܣܪܝܝ ܐܢܠܘܣ. ܘܚܙܘܝܝܪ/ ܘܿܗ ܘܝܢܙܢ ܗܘܐ. ܚܠܠ ܗܘܚܠ ܚܝ ܚܚܠܠ ܚܝ ܚܚܪܚܚܐܠ ܚܚܪ
ܚܣܩܚܐ. ܘܝܚܚܣܚܐܠܘܚܘܚܗ ܙܝܡ. ܘܝܚܚܠ ܪܚܝ ܙܘܣ ܚܚܚܣܚܚܗ ܪܚܚܐܠ ܐܝܪ ܦܐܙ/
ܘܗܗܩܐܠܠ. ܡܢܝܚܚܐܠ ܝܝ ܚܝܚܐܠ ܘ/ܣ ܚܚܩܚܐ ܚܗܚܣܐ ܐܣܠܣܣܝ ܘܝܪܚܐܠܠ ܘܝܚܚܐܠ
ܘܚܣܚܣܚܚܐܠ ܐܢܣܐ. ܠܠܝ ܝܚܙ ܐܚܙ ܪܚܐܠܠ ܘܣܚܟ. ܐܝܪ ܚܩܚܐܠ ܡܝܚܣܝ. ܚܚܘܝܪ/
ܚܚܝܠܠ ܗܘܐ ܢܚܣܣܢܣ ܣܚܣܠܣܚܐ ܘ/ܚܚܠܠܚܐܠ * ܗܠܠ ܚܝ ܣܝܐ ܪܚܝ ܐܗ ܠܠܠܝ ܚܚܚܚܐܠܠ
ܐܙܚܠܝ ܒܗܚܚܚ. ܘܚܚܝܚܣܘܣ ܚܚܣܚܚܙܢܠ ܚܚܝ ܐܝܪ ܘܪܚܚܣܙ/. ܐܠܠ ܚܚܪ ܘܩܚܚܐܠ. ܚܚܪ
ܘܣ ܘ/ܣ ܚܚܚܘܙܝܠ ܢܚܣܝ ܣܝܝ ܚܚܠ ܐܙܚܝ ܢܚܚܠ. ܘܚܚܚܚܣ ܢܚܣܚܣ. ܚܘܿܟܐ ܐܚܠ
ܝܚܙ ܚܚܚܠܣܚܐܗܠ ܐܚܠ ܪܚܝ ܣܝܝ ܚܘܩܚܙܠ ܚܠܠ ܐܙܚܝ ܙܚܚܣܝ ܣܝܝ ܚܚܝܚܝܚܝ ܣܝܝ
ܠܚܚܝ ܘܿܢܘܣ. ܘܝܚܚܚܐܠ ܐܣܚܚܣܣ. ܘܝܢܚܚܣܝ ܐܢܠܘܣ. ܚܘܚܣܝ ܣܚܚܣܝ ܣܚܬ/ ܐܚܠ.
ܗܚܣܣܚܟ ܝܚܙ ܚܚܚܚܣܚܚܐܠ. ܚܚܠܠ ܐܚܠ ܚܢܚܠ ܘܚܣܚܝܪ ܚܘܙܚܠ. ܘܿܣ ܘܝܚܚܚܚܠܠ ܝܚܙ⁖
ܘܐܝ ܚܚܠ ܐܗ ܗܘܙ/ ܐܣܐ ܚܚܚܚܚܝ. ܘܠܗ ܚܚܚܠܢܚ ܚܚܝܚܚ. ܚܚܣܝ ܢܚܝ ܘܠܠܝܚܝܘܣܝ
ܙܘܣ ܗܘܐ. ܚܩܚܠ ܝܝ ܢܚܚܚܣܝ. ܘܿܗܘܿܐ. ܣܣܠܗܚܚܣܝ ܢܚܚܠܣܣܝ ܘܿܗܘܿܐ ܐܣܣܩܚܣ ܠܚܐ
ܗܚܚܐܠ. ܐܠܠ ܗܣܚܣܠܚܐ ܚܚܝ ܢܙܠܠ. ܢܚܙܘܚܪ ܗܣܚܣܠܚܐ. ܚܢܙܣܚܚܚ ܚܚܚܠܠ ܢܗܚܣ. ܐܣܚܠ
ܘܝܚܚܚ ܠܐܙܚܝ ܘܗܗܚܚܚܠ ܢܗܚܣܝ ⁖

peuple. Il jeta de l'encens et expia pour le peuple; et il se tint entre ceux qui étaient morts et ceux qui vivaient, et la destruction s'arrêta. »

La colère qui avait commencé, vous voyez que le prêtre l'arrêta en entrant et en se tenant au milieu avec de l'encens, et qu'on doit s'empresser d'offrir en tout temps la prière comme le fruit des lèvres. On sait d'abord que l'encens est le type de la prière pure et de la bonne odeur (εὐωδία). « Ma prière est pure, dit-il, comme l'encens devant toi. » Usons donc maintenant de la prière avec ardeur et constamment. * Ne soyons pas satisfaits lorsqu'il nous sera arrivé de prier une ou deux fois, et ne rejetons pas la chose loin de nous comme superflue. Mais prions avec des larmes en fléchissant le genou à terre. Supplions; implorons. Je suis honteux et je me voile la face lorsque nous, prêtres, nous sommes prosternés à terre et nous prions, et lorsque je vous vois debout au milieu du peuple et la bouche ouverte. Le diacre crie pour tous également de plier le genou. Même dans le cas contraire : si, pour ainsi dire, il ne criait pas pour tous, vous devriez cependant vous incliner pendant que les prêtres se lèvent et tendent pour vous les mains vers le ciel. Mais prions tous ensemble; agenouillons-nous ensemble; frappons avec soin (φιλοπονία), afin que Dieu ouvre à tous la porte du pardon.

Il y a encore un autre remède qui guérit et contient la colère, et qu'il faut
en même temps mêler avec la prière ; je veux dire la pitié pour les nécessiteux,
par laquelle nous faisons participer les pauvres à nos biens. Saint Paul la fait
suivre aussi lorsqu'il ajoute ces paroles à celles qui ont été rapportées plus
haut [1] : « N'oubliez pas la bienfaisance et la mise en commun ; des sacrifices
de ce genre plaisent à Dieu. » Cette vertu, le prophète Daniel la conseillait
aussi au roi Nebucadnezar lorsqu'il eut prévu par une sage interprétation des
songes que la vie de celui-ci serait transformée suivant les habitudes des
carnassiers et la manière de vivre des bestiaux, comme nous apprenons
maintenant que c'est le fait de ceux qui sont frappés de cette maladie-ci. Il
dit [2] : « C'est pourquoi, ô roi, que mon conseil te plaise ; rachète tes péchés
par des aumônes et tes injustices par la pitié pour les pauvres ; peut-être y
aura-t-il de la longanimité pour tes fautes. » Il faut donc y joindre ce grand
remède, très puissant et utile pour toutes les maladies et les maux.

Je dis ceci : Nous devons participer sans cesse au sacrifice sans sang du
corps et du sang du Christ, lequel enlève le péché du monde, à la seule con-
dition que nous ne détournions pas la grâce. Ce sang fut montré autrefois
aussi par une figure et une image, quand l'agneau était immolé pour la

1. Hébr., xiii, 16. — 2. Daniel, iv, 24, Septante.

* fol. 104 r° b.

ܕ ܐܡܪܐ ܡܬܢܟܣ ܗܘܐ ܐܝܟ ܦܨܚܐ ܗܘ ܕܦܩܕ ܗܘܐ ܡܘܫܐ: * ܘܟܕ ܐܣܩܘܦܬܐ ܐܘ ܒܗ ܣܩܦܐ ܕܟܠ ܚܕ ܡܢ ܬܪ̈ܥܐ ܡܬܡܫܚܝܢ ܗܘܘ: ܐܡܬܝ ܕܒܘܟܪ̈ܐ ܕܡܨܪ̈ܝܐ ܡܬܡܚܝܢ ܗܘܘ: ܠܡܚܒܠܢܐ ܠܒܪ ܗܘܐ ܡܢ ܒܢܝ̈ ܕܐܝܣܪܐܝܠ: ܘܠܟܠ ܒܝܬܐ ܕܡܫܝܚ ܗܘܐ: ܠܐ ܩܪܒ ܗܘܐ. ܐܦ ܚܢܢ ܗܟܝܠ: ܢܡܫܘܚ ܒܕܡܐ ܐܠܗܝܐ ܠܬܪ̈ܥܐ ܡܬܝܕܥܢܝ̈ܬܐ ܕܒܝܬܐ ܕܝܠܢ: ܗܢܘ ܕܝܢ ܠܦܘܡܝܢ. ܘܗܟܢܐ ܡܢ ܡܚܒܠܢܐ ܢܥܪܘܩ: ܟܕ ܦܓܪܐ ܕܐܠܗܐ ܘܕܡܠܬܐ ܗܘ ܕܐܬܒܣܪ ܐܟܠܝܢ: ܘܟܕ ܩܘܕܫܐ ܠܓܘܝܢ ܕܝܠܢ ܡܡܠܝܢ ܚܢܢ: ܠܟܠ ܚܫܐ ܠܐ ܡܠܝܠܐ ܘܚܝܘܬܢܝܐ ܢܪܕܘܦ ܘܢܦܩ ܡܢܢ. ܘܢܗܘܐ ܠܫܐܕ̈ܐ ܦܠܘܚܝ ܡܩܪ̈ܒܢܐ: ܠܘ ܒܠܚܘܕ ܠܐ ܡܬܟܒܫܢܐ: ܐܠܐ ܐܦ ܕܚܝܠܐ. ܡܝܬܪܐܝܬ ܐܢ ܐܦ ܨܘܡܐ ܢܘܣܦ: ܙܝܢܐ ܗܘ ܕܡܦܩܚ ܣܢܝܩ ܘܡܝܬܪ ܠܘܩܒܠ ܪ̈ܘܚܐ ܒܝܫܬܐ: ܘܢܬܦܨܐ ܡܢ ܪܘܓܙܐ ܒܗܝ ܗܝ ܕܩܝܡܐ: ܘܡܢ ܗܝ ܐܚܪܝܬܐ ܘܕܥܬܝܕ. ܘܢܬܐܠܦ ܠܡܠܟܘܬܐ ܕܫܡܝܐ: ܒܡܫܝܚܐ ܝܫܘܥ ܡܪܢ. ܕܥܡܗ ܠܐܒܐ ܘܠܪܘܚܐ ܩܕܝܫܐ ܦܐܝܐ ܬܫܒܘܚܬܐ ܘܐܝܩܪܐ ܘܐܘܚܕܢܐ ܠܥܠܡ ܥܠܡܝܢ. ܐܡܝܢ܀

* fol. 104 r° b.

Pâque que Moïse avait prescrite, * et quand on en enduisait les seuils ou les montants de chaque porte; alors que les premiers-nés des Égyptiens étaient frappés, il écartait des enfants d'Israel l'exterminateur qui ne touchait à aucune maison enduite. Nous aussi, enduisons du sang divin les portes spirituelles de notre maison, c'est-à-dire nos bouches. Ainsi nous échapperons à l'exterminateur et, en mangeant le corps de Dieu et du Verbe qui s'est fait chair et en emplissant de sainteté notre intérieur, nous rejetterons et chasserons de nous toute passion déraisonnable et bestiale; nous serons pour les démons belliqueux non seulement indomptables, mais aussi redoutables, surtout si nous ajoutons le jeûne, cette arme très utile et excellente contre les esprits malins; nous nous sauverons de la colère aussi bien présente que future; et nous mériterons le royaume des cieux par Jésus-Christ Notre-Seigneur, auquel reviennent avec le Père et le Saint-Esprit la gloire, l'honneur et la puissance éternelle[1]. Amen!

1. Cf. Ép. de saint Jude, 25.

HOMÉLIE LIV

A CEUX QUI, APRÈS LA PRIÈRE, VONT AU THÉÂTRE. IL EST CONTRAIRE A LA LOI DE
VOIR CES SPECTACLES. NOUS DEVONS PRÉVENIR PAR LES ŒUVRES DE LA PÉNITENCE
LA NÉCESSITÉ DU COURROUX QUI A ÉTÉ ÉTABLI, ET PARTICIPER SOUVENT AUX
MYSTÈRES SAINTS ET ADORÉS.

De nouveau je me suis avancé, alors que je manque de toute capacité pour parler ou enseigner quoi que ce soit d'utile; alors que je suis obscurci par le nuage des soucis matériels, dans lesquels est liée cette Église sainte et immatérielle d'une manière inconvenable; alors que des personnes la chargent successivement de fardeaux étrangers et non sacerdotaux. Comment les troubles extérieurs ne porteraient-ils pas préjudice aux religieux de l'intérieur? C'est contraint et conduit de force par cette nécessité présente, et comme quelqu'un qui brûlerait dans le feu, que je suis poussé à cela, et non volontairement. Qu'y a-t-il d'étonnant si moi qui fais sortir de moi-même des ulcères nombreux et incalculables, j'ai subi cette douleur sans pouvoir me taire? Lorsque le prophète Jérémie, qui dès le sein de sa

*fol. 104
v° a.

[Texte syriaque sur quinze lignes, numérotées 5, 10, 15.]

---

*fol. 104
v° a.

mère avait été * consacré, voyait que son peuple riait surtout de ce qu'il lui avait dit, loin d'en être attristé, et s'en moquait sans en éprouver du chagrin ni de l'affliction, qu'il ne tremblait pas non plus devant le courroux dont il était menacé, alors le prophète songeait à se taire; mais il s'enflamma et brûla dans son cœur, et fut forcé de parler. C'est pourquoi il disait[1] : « J'appellerai l'impiété et la misère parce que la parole du Seigneur a été pour moi un outrage et une dérision toute la journée. Et j'ai dit : Je ne nommerai pas le nom du Seigneur et je ne parlerai pas de son nom. Et il fut dans mon cœur comme un feu brûlant qui flambait et se pressait dans mes os, et je ne puis le supporter. »

Il suffit donc, ainsi que je l'ai dit, que le lien de ma langue soit faible, que cette tempête des événements mondains arrive seulement, ainsi que le trouble extérieur de ceux qui combattent la parole orthodoxe. Si alors je pense, comme Jérémie, que pour moi aussi la parole du Seigneur a été un outrage et une dérision, je dirai nécessairement, moi aussi comme lui : « J'ai dit : Je ne nommerai pas le nom du Seigneur et je ne parlerai pas de son nom. » Je prierai pour qu'une porte de prison soit mise sur mes lèvres et que

1. Jér., xx, 8 et 9.

je sois contraint à un silence complet, sinon le rire et la dérision manifeste
pour les paroles du Seigneur ne feront pas que je ne prêche avant peu des
prières universelles dans l'Église, des larmes, la confession des péchés, le
jeûne, et, pour parler simplement, la correction effectuée par la pénitence,
à cause de ce fléau déjà menaçant qui, pour ainsi dire, est proche et sus-
pendu au-dessus de notre tête; il est terrible à entendre.

Vous donc, ou plutôt beaucoup d'entre vous, car je ne dois pas vous
accuser tous, vous irez au spectacle de l'hippodrome et à ce temple du
rire ou, pour le nommer d'un nom peut-être plus propre, de l'ardeur de
la prostitution, à ce théâtre de toute luxure. Mais tu diras que tu n'as
pas manqué aux prières ni aux assemblées dans l'église, et que tu as pris
part de la même manière aux spectacles. Cependant n'as-tu pas entendu
S. Paul qui écrit aux Corinthiens [1] : « Vous ne pouvez pas boire la coupe
de Notre-Seigneur et la coupe des démons. Vous ne pouvez pas prendre
place à la table de Notre-Seigneur et à la table des démons. » Un sage ne
dit-il pas très bien [2] : « Un qui construit et un qui démolit, à quoi cela
servira-t-il de plus qu'à prendre de la peine? Celui qui prend un bain et
se lave à cause d'un mort et qui touche ensuite à celui-ci, quel profit

* fol. 104 v° b.

1. I Cor., x, 21. — 2. Ecclésiastique, xxxi (xxxiv), 27-31, Septante.

ܡܟܝܠ ܟܢܝܫܐ ܕܙܐܡܪ ܟܠ ܣܠܝܩܘܘܘܘܘ. ܘܠܘܘܕ ܐܪܟܠ ܗܘܘܘ ܡܢ ܗܘܘ ܟܚܡܪ. ܘܗܘܘ

10 ⟨ ... ⟩

15 ⟨ ... ⟩

tirera-t-il de son bain? De même un homme qui jeûne pour ses péchés
et qui va ensuite commettre les mêmes fautes. » C'est le fait de ceux qui
agissent ainsi contrairement à la loi et sont pleins de perversité. Ils s'imaginent prendre part à la Table et à la Coupe, manger et boire et faire ce qui
leur plaît. Le Livre sacerdotal témoigne au sujet de tels gens en disant[1] : 5
« Ils mangent une nourriture d'impiété et s'enivrent d'un vin illicite. »

Et quelle perversité y a-t-il, dira-t-on, à regarder une course de chevaux? Une grande et non pas une quelconque. Je te répondrai librement,
ô un tel! Premièrement : tout spectacle est nécessairement consacré à un
des dieux qui portent un faux nom (ψευδώνυμος), et donné en son honneur : 10
à Neptune, le spectacle des chevaux; à Mercure, le spectacle des lutteurs
qui combattent seuls; à Artémis, celui des lutteurs qui combattent avec les
animaux; à Bacchus, les représentations (σκηνή) théâtrales. Comment plairait
à Dieu ce qui fait la joie et le plaisir des démons? Comment courrions-
nous vers ces spectacles auxquels nous avons légalement renoncé lorsque 15
nous étions inscrits pour le service du Christ, que nous souscrivions à des
actes d'obéissance envers lui, et que nous étions préparés à mériter le

---

1. Prov., IV, 17.

baptême divin et salutaire. Ces spectacles sont en effet les pompes de Satan et le culte de ses fêtes auxquelles nous avons renoncé. Deuxièmement : alors même qu'on dirait : « Les représentations ne sont pas données en l'honneur des démons, mais pour notre plaisir. » Mais nous irriterons le
5 Créateur si nous usons des animaux privés de raison d'une manière contraire à ses commandements. Chacun d'eux a été créé pour remplir un besoin quelconque de la vie du monde, * et non pour un agrément excessif et inutile. Le cheval a été donné aux hommes pour que, montés sur cet animal, ils accomplissent rapidement leurs courses et sortent contre les
10 guerriers qui viennent à eux. Il est pour eux un secours et un auxiliaire dans le combat contre les ennemis. C'est aussi ce que dit Celui « qui parlait à Job du milieu de la tempête et des nuages[1] » : « O toi, as-tu posé la puissance dans le cheval et as-tu revêtu son cou de crainte?.... Marchant à la rencontre de la flèche, il rit et ne se détourne pas du fer..... Lorsque
15 la trompette donne le signal, il dit : Bravo, bravo! De loin il sent le combat[2]. » Il est écrit de même dans les Proverbes[3] : « Le cheval est prêt pour le jour du combat, c'est le secours de la part de Dieu. »

C'est pourquoi cet animal a été introduit pour servir à la vie de l'homme,

---

1. Cf. Job, XXXVIII, 1. — 2. Job, XXXIX, 19-25. — 3. Prov., XXI, 31.

ܐܝܠܝܢ ܕܡܫܡܫܝܢ ܗܘ ܡܢ ܚܒܪܐ ܣܘܪܛܝ ...

1. L *in margine* : ...

---

et non pas pour que tu l'abîmes en lui faisant faire sept tours du cirque, en faisant sortir chars contre chars, en écrasant ses pieds par la vitesse des roues, ni que tu te réjouisses et applaudisses à une chute misérable et déplorable. Ce n'est pas là ce que te prescrit et t'enseigne le Livre divin, mais le contraire. Lorsque tu agis ainsi, il écrit pour toi les mots de cruauté et d'iniquité en disant[1] : « Le juste a pitié de la vie de ses bestiaux, mais les entrailles des impies sont sans miséricorde. » Ce que dit le sage saint Paul[2] : « Est-ce que Dieu a souci des bœufs? » vise un autre sens. En effet, en parlant aux Corinthiens, il disait qu'il faut « que ceux qui prêchent l'Évangile vivent de l'Évangile[3] ». « Qui fait jamais la guerre à ses propres frais? Qui plante une vigne et ne mange pas de ses fruits? Qui paît un troupeau et ne mange pas du lait du troupeau? Est-ce que je dis cela comme un homme? Ou la loi ne le dit-elle pas aussi? Dans la loi de Moïse il est écrit : « Ne mets pas un frein au bœuf qui foule le grain. Est-« ce que Dieu a souci des bœufs[4]? » Voilà donc ce qu'a dit ce commandement légal qui ordonne de ne pas mettre un frein au bœuf qui foule le grain : Dieu a fait la loi non pas parce qu'il avait souci de l'équité (εὐνομία)

1. Prov., XII, 10. — 2. I Cor., IX, 9. — 3. *Ibid.*, IX, 14. — 4. *Ibid.*, IX, 7-9.

*due aux bœufs. Qu'y a-t-il donc d'odieux à ce que ceux-ci soient entravés * fol. 105 r° b.
et retenus sur l'aire afin qu'ils fassent leur service avec soin et ne s'occu-
pent pas de leur ventre en temps inopportun? Mais, par ce commandement, il nous enseigne qu'il est juste que ceux qui travaillent soient nourris
du produit de leur peine. C'est pourquoi il ajoute ensuite[1] : « Ou parle-t-il
absolument pour nous? Car c'est pour nous que cela a été écrit, puisque
celui qui laboure doit labourer avec espoir, et celui qui foule doit fouler
avec l'espoir de prendre sa part de nourriture. »

Que Dieu a soin de tout, s'occupe de tout et aime tout en tant que Dieu,
c'est chose connue et bien évidente. « Tu ouvres ta main et tu remplis tout
animal de bonne volonté (εὐδοχία) », lui dit le prophète des Psaumes[2]. Mais
un sage dit aussi[3] : « Comme tu peux tout, tu es miséricordieux pour tous. »
Un autre écrit aussi[4] : « La pitié de l'homme est sur son prochain; la pitié
de Dieu est sur toute chair. » Ce n'est pas une raison, parce que quelques espèces d'animaux ont été données aux hommes pour être tuées et
mangées, pour que, durant leur vie, nous ne devions pas nous servir d'elles
avec miséricorde, nous n'ayons pas pitié d'elles, et que, pour un amusé-

---

1. I Cor., IX, 10. — 2. Ps. CXLIV, 16. — 3. La Sagesse, XI, 24. — 4. Ecclésiastique, XVIII, 13.

* fol. 105
v° a.

ment et un plaisir diabolique, nous fassions un commerce vain et nuisible de l'épuisement, de la fatigue et de la mort des chevaux. Et de qui s'agit-il? De nous qui devons imiter Dieu : « Soyez miséricordieux, dit-il[1], comme votre Père est miséricordieux. »

Diabolique est le spectacle des chevaux, c'est ce dont témoignent les ruses et les moyens astucieux qui y sont pratiqués, cette émulation qui ressemble à de l'enchantement, ces meurtres affreux, cruels et illégaux des fourbes qui se montrent audacieux contre un âge jeune et faible (?). Ces spectacles (?) peuvent grandement courroucer Dieu; ils méritent de nombreux éclats de tonnerre et des éclairs flambants. Alors même que le divertissement serait exempt de pareilles choses, nous en jugerions par ses fruits. « C'est à ses fruits * qu'on connaît l'arbre[2]. » Tel est le décret du Christ, Dieu et sauveur, qui ne ment pas[3]. Or quels sont les fruits de ces combats de chevaux? Des querelles, des blasphèmes, des luttes, la confusion des gens, des clameurs, des attaques à coups de pierres, des guerres entre concitoyens, des meurtres, des incendies. Combien de fois tombe souvent dans un de ces péchés le plus pur des spectateurs? Ou il crie, ou il se querelle. ou il blasphème, ou il se laisse emporter à la colère et à l'outrage. Et quel

* fol. 105
v° a.

1. Luc, vi, 36. — 2. Matth., xii, 33. — 3. Cf. Tit., i, 2.

ܗܘ ܡܛܠ ܕܢܝܫܐ ܕܟܠ ܐܦ̈ܐ ܗܦܟܝܢ. ܡܬܗܦܟܝܢ ܐܦ̈ܐ ܡܬܢܟܪܝܢ ܕܝܢ ܠܐܠܗܐ. ܐܝܢܐ ܕܝܢ ܫܢܕܐ ܗܘܐ ܕܥܠܝܢ ܡܢ ܗܕܐ܀

ܘܩܥܬܐ: ܫܡܥ ܡܛܠܗ ܕܩܥܬܐ. ܗܝ ܕܡܬܚܫܒܐ ܕܙܥܘܪܐ ܕܐܝܬܝܗ ܕܫܪܟ ܡܟܝܟܐ ܡܢ ܗܠܝܢ ܐܚܪ̈ܢܝܬܐ. ܐܡܪ ܕܝܢ ܡܪܝܐ: ܩܥܬܐ ܕܣܕܘܡ ܘܕܥܡܘܪܐ ܣܓܝܬ ܠܘܬܝ. ܘܚܛܗ̈ܝܗܘܢ ܕܝܠܗܘܢ ܝܬܝܪܝܢ ܣܓܝ. ܗܕܐ ܒܠܚܘܕ ܣܦܩܐ ܠܡܚܘܝܘ. ܕܐܝܟ ܐܝܢܐ ܡܕܡ ܐܝܬܝܗ ܩܥܬܐ. ܡܩܕܡܐܝܬ ܕܣܕܘܡ ܘܕܥܡܘܪܐ ܐܝܬܝܗ ܩܛܪܓܐ. ܘܬܘܒ ܒܝܕ ܐܫܥܝܐ ܢܒܝܐ ܐܡܪ ܡܪܝܐ. ܟܪܡܗ ܓܝܪ ܕܡܪܝܐ ܨܒܐܘܬ. ܒܝܬܗ ܕܐܝܣܪܝܠ ܐܝܬܘܗܝ. ܘܒܢ̈ܝܐ ܕܝܗܘܕܐ. ܢܨܒܐ ܚܕܬܐ ܚܒܝܒܐ. ܣܟܝܬ ܕܢܥܒܕ ܕܝܢܐ. ܥܒܕ ܕܝܢ ܠܐ ܢܡܘܣܝܘܬܐ. ܘܠܐ ܙܕܝܩܘܬܐ: ܐܠܐ ܩܥܬܐ. ܡܢܐ ܕܝܢ. ܩܥܬܐ ܡܢ ܚܝܒܐ ܠܡܬܩܛܪܓܢܘܬܐ ܐܝܬܝܗ܀

ܚܪܝܢܐ ܕܝܢ: ܡܢ ܗܠܝܢ ܕܡܫܬܒܚܢ ܐܝܬܘܗܝ: ܘܠܐ ܟܠ ܟܠܗ: ܚܙܝ ܓܝܪ ܐܝܟܢܐ ܒܝܕ ܚܙܩܝܐܝܠ ܒܥܕ̈ܠܬܐ ܪ̈ܘܪܒܬܐ ܣܐܡ ܠܗ ܐܠܗܐ ܟܕ ܐܡܪ: ܒܝܬܐ ܕܝܢ ܕܐܝܣܪܝܠ ܠܐ ܢܨܒܘܢ ܠܡܫܡܥܟ: ܡܛܠ ܕܠܐ ܨܒܝܢ ܠܡܫܡܥܢܝ: ܡܛܠ ܕܟܠܗ ܒܝܬܐ ܕܐܝܣܪܝܠ ܚܪ̈ܝܢܐ ܐܝܬܝܗܘܢ ܘܩܫ̈ܝ ܠܒܐ. ܡܬܒܥܐ ܐܢܬ: ܕܐܡܢܐ ܚܪܝܢܐ ܥܡ ܠܐ ܡܫܬܡܥܢܘܬܐ ܘܥܡ ܩܫܝܘܬ ܠܒܐ ܡܬܡܢܝܐ. ܦܘܠܘܣ ܕܝܢ ܠܘܬܗܘܢ

châtiment en résulte-t-il? On détourne et on s'aliène Dieu. Y a-t-il une peine plus dure?

Maintenant écoute au sujet de la clameur qu'on estime être moindre que les autres choses : « Le Seigneur a dit[1] : La clameur de Sodome et de Gomorre s'est accrue vers moi et leurs péchés sont très grands. » Cela suffit pour montrer ce qu'est la clameur. C'est d'abord l'accusation de Sodome et de Gomorre. Le Seigneur dit encore par l'intermédiaire du prophète Isaïe[2] : « Car la vigne du Seigneur Sabaoth est la maison d'Israël, et les hommes de Juda sont la vigne plantée récemment, la chérie. J'ai attendu qu'elle fît ce qui est juste; elle a fait l'illégalité, non pas la justice, mais la clameur. » Eh quoi! La clameur est sujette à l'accusation.

La querelle est-elle chose louable? Nullement. Vois comment Dieu, par l'intermédiaire du prophète Ézéchiel, la place parmi les grands sujets de blâme, lorsqu'il dit[3] : « Les Israélites ne voudront pas t'écouter, car ils ne veulent pas m'écouter, parce que toute la maison d'Israël se compose de querelleurs et de durs de cœur. » Tu te demanderas pourquoi la querelle est rangée avec la désobéissance et la dureté de cœur. Saint Paul place en-

1. Gen., XVIII, 20. — 2. Is., V, 7. — 3. Ézéch., III, 7.

semble tous ces vices comme étant de nature à affliger et irriter le Saint-Esprit. En effet il écrit ainsi[1] : « N'affligez pas l'Esprit-Saint de Dieu, dans lequel vous avez été signés pour le jour du salut. Toute amertume et courroux et colère * et clameur et blasphème soient enlevés de vous avec toute méchanceté. »

* fol. 105 v° b.

Pourquoi donc allons-nous au spectacle de l'hippodrome? C'est pour que tous ces vices bouillonnent à l'instar d'un mauvais courant dans un lac, et non pour que, restant plutôt en repos, nous priions Dieu de nous pardonner lorsque, occupés des affaires du monde, nous sommes entraînés contre notre volonté à une clameur, à une parole de blasphème ou à la colère. Mais, s'il vous plaît, examinons les théâtres, ces lieux de spectacles, et voyons s'ils ne sont pas nuisibles et pernicieux, et non, comme on le pense et le dit, amusants et réjouissants. Je laisse de côté l'orchestre (ὀρχήστρα), c'est-à-dire la danse en groupes et exubérante qui efféminе les corps virils, et ces chants érotiques ou amoureux qui enseignent la mollesse, dissolvent la vigueur de l'âme, dans laquelle ils insèrent et déposent la rage de toutes les vilaines passions, l'enlaçant et l'ensevelissant sous le fardeau et l'ivresse des voluptés. Que dirons-nous des spectateurs des mimes, ces gens du

1. Éphés., IV, 30-31.

ܕܠܐ ܗܘܝܢ ܘܣܪܝ ܠܟܬܬܡܚܣܐ ܗܘܝܢ ܘܗܠܝܢ ܡܝܣܩܠܟܐ: ܐܝܕܐ ܠܟܕ ܠܟܣܡܐ
ܡܠܟܘܢܟ̈ܪܐ ܡܕܪܝܚܝ ܣܝܝ ܠܟܕ ܠܐܠܗܐ ܐܚܕܟܣ ܘܡܣܢܚܝ ܣܝܝ: ܠܡ ܣܪܝܝ ܠܟܦܙܪܘܗܘ
ܘܚܙܝܥܐ ܘܡܚܟܐܡܟܣ: ܠܟܗܘܗ ܘܝܝܟܠܠ ܦܝ ܠܟܐܘܐ: ܠܥܣܣ ܠܝ ܚܦܙܝܘܗܐ ܘܡܟܗ ܠܟܥܟܟܐ
ܘܣܬܐ. ܐܡܟܠܠ ܘܠܝܘܗܐ ܐܠܡܗܘܗܣ ܚܣܝܪܐ ܐܦ ܠܟܩܠܠܐܡܐ: ܠܟܗܘܗ ܚܡܟ ܘܠܐ ܣܚܙܝܗ
5 ܠܐܘܕ ܡܚܠܟܗܘ ܘܠܟܐܘܐ ܗܘ ܘܠܐܚܙܝܢܣ ܡܚܠܟܚܟ: ܠܡ ܚܣܪ ܡܚܝ ܡܚܬܐܠ ܘܝܒܚܣ
ܚܣܟܚܬܣܐ ܕܐܝܚܙ. ܗܚܚܘ ܘܥܣܠ ܚܪܝܣܥܐ. ܠܟܦܙܪܘܗܐ ܗܚܣܟܠܐ ܗܘ ܘܘܚܒܠ ܠܡܢܚܙ:
ܡܚܠܟܠܟܝ ܠܝ ܘܚܚܡܚܪܐܡܟ ܐܚܚܚܣ: ܠܐ ܣܥܚܣ ܐܠܟ ܘܘܙܠܟܚܐܠ ܐܚܟܡܝܢ ܘܘܙܚܠܠ: ܐܦ
ܠܟܗܘܗ ܠܣܣܠܟܩܠܐܠ ܘܠܚܟܠܠ ܘܚܣܪܚܙܪܐܠܟ ܡܚܐܗܚܣܠ ܘܡܚܟܠܝܣܪ. ܐܣܠܗܠ ܐܝܚܙ ܠܟܕ.
ܠܠܟ ܘܗܠܟܝ ܚܢܣܪ ܐܠܟ: ܠܠܟ ܗܘܢܣܝ ܘܠܚܚܐܠ ܙܪܝܣ ܗܘܐ ܠܚܪ ܘܝܠܠܙܚܪܝܝ❖
10 ܐܣܐܠ ܐܗܢܣܡܪ ܠܚܝܙܗܐܠ ܗܚܣ ܘܚܚܐܠ: ܡܚܪܘܗܝܝܠ ܗܘ ܗܚܣܡܙܝ ܘܡܚܐܚܙܪܣ ܚܦܚܚܐܠ.
ܡܚܦܚܐܗܚܐܠ ܠܚܚܐܠ ⃰ ܘܝܣܙܪܐܡܟ ܡܚܐܗܚܚܐ ܚܚܪܣܠ: ܡܚܘܗܙܗܚܐܠ ܘܦܝܙܐܝ ܘܡܚܐܗܙܚܚܝ.
ܗܘܝ ܘܚܠܡܝܬܘܗܝ ܐܝܚܚܒܣܐ ܚܚܣܘܝܡܠ ܚܣܬܐ: ܗܘܝ ܘܚܠܡܝܬܘܗܝ ܠܟܠܗܘܙܠܠ ܘܡܚܚܟܚܗ
ܘܝܠܥܗܐ ܘܠܚܝ. ܡܚܣܗܥܐܠ ܠܠ ܡܚܐܗܚܚܟܚܣܟܐܠ ܘܗܥܠ ܘܠܚܝ ܘܚܚܗܘܐܠ ܡܚܣܚܙܐܡܠܐ
ܡܚܐܚܙܪܣܐ: ܡܚܠܟܠܟܝ ܠܝ ܚܙܐܙܙܐܠ ܗܘ ܘܡܚܠܠ ܚܚܗ ܚܚܢܗ ܚܣܝܗܐܡܠܐ ܘܠܚܚܗܥܐܠܐ❖
15 ܚܚܐܠ ܐܩ ܚܙܝܚܠܐ. ܐܝ ܘܠܠ ܡܚܝ ܡܚܝܥܪ ܐܣܢܝ: ܡܚܝ ܝܚܚܣܚܟܐܠ ܘܡܚܣܪ: ܗܚܗ

* fol. 106
r° a.

ridicule? Est-ce que nous n'excitons pas le courroux et la colère de Dieu lorsque nous rions en voyant frapper le visage d'un homme que Dieu a créé, dans la face duquel Dieu a insufflé le souffle de la vie pour qu'il fût respecté même des anges, et qu'a honoré aussi le Verbe de Dieu qui s'est

5 fait homme pour nous, lorsqu'il est ressuscité d'entre les morts et a soufflé sur les Apôtres en disant[1] : « Recevez l'Esprit-Saint. » Un visage qui a été honoré à ce point, bien plus qui a été doublement célébré, ne penses-tu pas que c'est un sujet de terreur et d'effroi même pour les troupes célestes, lorsqu'il est outrageusement frappé et tourné en ridicule? Ensuite, dis-moi,

10 ris-tu de choses sur lesquelles tu dois pleurer et te lamenter?

Où placerai-je cette couche pure, cette union honorable qui devient un sujet de plaisanterie? Et la chaste communauté qui, * comme une adultère, est triturée par la dérision? Et les membres du corps qui sont mis à nu, eux par qui se procréent les enfants, par qui se conserve la transmission de notre

15 race? Et la partie naturelle dont on ne doit pas parler, qui est ridiculisée d'une manière honteuse et odieuse? Et surtout ce mystère plein de pudeur et de chasteté?

Respecte, ô homme, — ne respecterais-tu pas autre chose, — ta forme qui

* fol. 106
r° a.

1. Jean, xx, 22.

ܕܐܬܒܪܝܬ ܡܢ ܐܠܗܐ. ܝܩܪ ܡܢ ܬܢܝܢܝܬܐ ܕܡܢ ܕܪܫ ܗܝ ܐܠܗܝܬܐ: ܗܝ ܕܡܛܠܬܗ ܡܠܬܗ ܕܐܠܗܐ ܒܓܘܫܡܐ ܕܢܣܒ ܕܡܢ ܒܬܘܠܬܐ ܐܫܬܘܬܦ ܠܟ. ܠܡܢܐ ܐܢܬ ܓܚܟ ܒܢܦܫܟ ܐܢܬ. ܐܝܟ ܗܢܘܢ ܕܒܫܢܝܐ: ܘܠܐ ܡܪܓܫܢܘܬܐ ܠܟܣܝܐ ܒܣܪܐ ܕܝܠܗܘܢ ܡܢܬܫܝܢ ܐܘ ܐܟܠܝܢ. ܠܡܢܐ ܕܝܢ ܟܕ ܓܘܪܐ ܥܠܝܟ ܐܬܥܒܕ ܠܡܨܥܪܘ[1] ܡܨܥܪܢܐܝܬ: ܒܟܐ ܐܢܬ ܘܡܬܬܢܚ ܐܢܬ: ܘܣܒܪ ܠܐ ܚܝܐ ܗܢܘܢ ܐܢܬ ܕܐܝܬܝܗܘܢ. ܘܡܬܟܪܐ ܠܟ ܐܦ ܟܕ ܚܙܐ ܫܡܫܐ ܐܢܬ: ܘܟܠ ܡܕܡ ܠܥܠ ܘܠܬܚܬ ܗܦܝܟ ܐܢܬ ܕܗܘܐ: ܡܟܬܒ ܡܣܝܒܐ ܕܡܚܒܘܫܝܘܬܐ ܟܬܒ ܐܢܬ ܥܠ ܗܘ ܓܝܪܐ: ܘܡܘܬܐ ܡܒܨܪ ܕܐܝܢܐ ܕܚܘܒܐ ܡܬܚܫܒ ܐܢܬ ܠܗ ܕܐܬܘܗܝ: ܟܡܐ ܙܒܢܝܢ ܕܢܘܒܕܘܗܝ: ܠܗܘ ܕܚܛܐ ܨܒܐ ܐܢܬ܀

ܟܕ ܕܝܢ ܠܨܘܪܬܐ ܕܒܝܫܬܐ ܕܕܐܟܝ ܗܠܝܢ ܚܙܐ ܐܢܬ ܒܬܐܛܪܘܢ ܗܘ ܣܢܝܐ ܕܫܥܝܐ: ܡܬܓܚܟ ܐܢܬ ܘܡܬܐܫܕ ܐܢܬ ܒܚܘܣܝܐ: ܘܚܕܘܬܐ ܘܦܘܪܓܐ ܩܪܐ ܐܢܬ ܠܗܢܐ ܚܙܘܐ ܗܘ ܕܐܒܠܐ. ܒܐܝܠܝܢ ܥܝܢܐ ܒܐܢܬܬܟ ܬܚܘܪ ܡܐ ܕܐܬܐ ܐܢܬ ܠܒܝܬܐ. ܐܝܟܢܐ ܬܬܒܥܝܗ ܠܢܟܦܘܬܗ: ܐܢܬ ܗܘ ܕܚܙܝܬ ܚܙܝܐ ܕܦܚܙܘܬܐ ܗܠܝܢ ܫܢܝܬܐ ܘܠܐ ܦܐܝܐ ܘܪܘܫܥܐ: ܗܘ ܕܟܢܫ ܕܪܒܘ ܣܘܓܐܐ ܕܚܫܐ: ܘܡܨܘܪܬܐ ܕܒܝܫܬܐ ܒܪܥܝܢܗ ܡܬܪܒܐ ܐܢܬ: ܐܝܟ ܢܘܪܐ ܕܛܫܝܐ ܒܩܝܣܐ ܘܡܘܩܕܐ܀

1. L *in margine* : ܠܡܨܥܪܘ.

a été créée par Dieu. Respecte la seconde création divine, pour laquelle le Verbe de Dieu, en prenant un corps de la Vierge, s'est associé à toi. Pourquoi rire de toi-même, comme ceux qui, dans la folie et sans aucun sentiment, déchirent ou mangent leur propre chair? Pourquoi donc, lorsqu'un adultère est commis contre toi d'une manière outrageante, pleures-tu et gémis-tu, et penses-tu que ta vie n'est plus une vie? T'affliges-tu en voyant le soleil, et crois-tu que tout est sens dessus dessous? Écris-tu contre l'adultère une sentence de condamnation à la prison? Déclares-tu que la mort est une faible peine pour lui? Combien de fois voudrais-tu faire périr le pécheur?

Lorsque tu vois des représentations perverses de ce genre dans ce théâtre odieux du jeu, tu éclates de rire, tu te répands en effusions et tu appelles joie et divertissement ce spectacle déplorable. De quels yeux regarderas-tu ta femme lorsque tu rentreras à la maison? Comment exigeras-tu d'elle la chasteté, toi le spectateur de l'impudicité de ces spectacles affreux, inconvenants et immoraux, toi qui as amassé une quantité de milliers de passions et qui nourris dans ton esprit les images des vices comme un feu qui couve et brûle dans les bois?

ܘܡܢܐ ܐܥܒܕ ܐܡܪ: ܕܗܐ ܡܬܚܙܝܢܐ ܗܘ ܕܒܝܬ ܐܬܚܙܝܬܐ ܦܬܝܚ: ܘܩܪܐ ܠܝ ܠܚܙܝܐ. ܐܠܘ ܓܝܪ ܐܚܝܕ ܗܘܐ: ܐܡܬܝ ܐܝܬ ܗܘܐ ܣܘܢܩܢܐ ܠܗܠܝܢ ܡ̈ܠܝܢ ܩ̈ܠܠܐ. ܐܘ ܡܥܠܝܐ. ܐܝܟܢܐ ܕܝܢ ܚܙܐ ܗܘܝܬ ܠܗܠܝܢ ܕܠܐ ܡܫܬܡܠܝܢ ܗܘܝ. ܕܐܢܢܩܐ ܐܠܐ ܗܘܬ ܛܝܒܘܬܐ ܗܕܐ. ܘܠܘ ܕܨܒܝܢܐ ܕܝܠܟ. ܡܛܠ ܕܝܢ ܕܦܬܝܚ ܡܣܬܪܗܒܐܝܬ ܘܦܝܠܣܘܦܐܝܬ ܒܪܗܛܐ ܥܒܘܪ. ܫܒܘܩ ܐܢܘܢ ܕܠܐ ܣܥܘܪܘܬܐ ܠܗܢܘܢ ܕܐܦܝ ܡܛܝܒܝܢ. ܠܟܠܗܝܢ ܚܘܐ ܐܝܟ ܕܣܪܝܩܢ ܘܠܐ *ܡܘܬܪܢ. ܐܦ ܓܝܪ ܠܐ ܣܦܩܐ ܠܗܘ ܡܦܩ ܒܪܘܚܐ ܠܗܢܘܢ ܕܡܬܬܨܝܕܝܢ: ܘܗܝ ܕܡܛܝܒܝܢ ܘܡܬܩܢܝܢ ܒܗ ܚܙܘ̈ܬܐ: ܘܡܦܝܣܝܢ ܘܡܛܥܝܢ ܠܗܢܘܢ ܕܝܬܒܝܢ ܣܪܝܩܐܝܬ ܠܬܡܢ: ܡܛܠ ܕܐܦ ܗܘ ܕܐܠܘܗܝ ܡܣܬܟܠ ܒܡܐ̈ܢܐ ܢܐܡܪ ܕܟܕ ܚܙܐ ܗܘܐ ܠܡܐ̈ܢܐ ܘܕܗܒܐ ܐܬܢܣܝ ܒܪܥܝܢܗ ܘܐܬܛܥܝ[1]. ܘܗܘ ܕܚܐܪ ܘܠܐ ܢܛܝܪܐܝܬ ܚܙܐ: ܒܫܘܦܪܐ ܕܢܫ̈ܐ ܢܬܚܘܐ ܒܟܠܐ. ܡܛܘܠ ܗܕܐ ܝܬܝܪܐܝܬ ܢܬܚܫܒ ܕܠܐ ܡܚܝܒ܀

ܐܠܐ ܠܐ ܐܫܬܡܥ ܠܐ ܝܕܝܥܬܐ. ܕܗܘ ܕܡܢ ܗܠܝܢ ܕܒܥܘܕܢܗ ܢܣܝ̈ܢܐ ܡܣܬܪܗܒܐܝܬ ܡܬܪܚܩ: ܗܢܐ ܐܝܟ ܣܥܘܪܐ ܕܡܝܬܪܘܬܐ ܠܟܠܝܠܐ ܘܦܘܪ̈ܥܢܐ ܢܣܒ ܕܙܟܘܬܐ: ܥܪܘܩ ܗܟܝܠ ܒܟܠܗ ܚܝܠܟ ܡܢ ܚܙܘ̈ܬܐ ܗܠܝܢ. ܡܢ ܡܚܢܩܢܘܬܐ ܕܢܦ̈ܫܬܐ: ܡܢ ܥܘܡܩܐ ܕܣܛܢܐ: ܡܢ ܢܟܝܠܘܬܐ ܡܨܒܬܐ:

* fol. 106 r° b.

1. L ܘܐܬܬܛܥܝ sic,

« Que faire, dit-il, voici que le théâtre des jeux est ouvert et m'appelle au spectacle! » Mais, s'il était fermé, y aurait-il besoin de ces paroles, ô mon bon? Comment verrais-tu ce qui n'est pas exécuté? Ce serait une grâce de la nécessité et non de ta volonté. Comme il est ouvert, passe devant en courant, avec fermeté et philosophie. Laisse sans les visiter les acteurs qui sont là tout prêts. Fais voir que tout cela est futile et sans utilité. Car il ne suffit pas pour * l'excuse de ceux qui sont captés, que l'on prépare et dispose le théâtre, que l'on attire et trompe ceux qui y prennent place évidement. Celui qui dérobe des habits pourrait dire aussi que, ayant vu des habits et de l'or, il a été tenté dans son esprit et a été trompé. Celui qui regarde avec un esprit de fornication sans se tenir sur ses gardes, s'excusera sur la beauté des femmes. Par là peut-il surtout être considéré comme non coupable?

* fol. 106 r° b.

Mais on n'ignore pas que celui qui s'éloigne avec fermeté des tentations qui sont à sa portée, méritera, parce qu'il pratique la vertu, la couronne et les récompenses de la victoire. Fuis donc de toutes tes forces les spectacles, la suffocation des âmes, l'abîme de Satan, la ruse parée, la ruse plaisante (εὐπρόσωπος), le dommage qu'on subit insensiblement, la ruine facile, évidente et

ܡܢ ܡܬܚܫܒܢܘܬܐ ܥܡܝܩܬܐ ܫܪܝܪܬܐ: ܡܢ ܥܘܗܕܢܐ ܕܠܐ ܡܬܪܥܝܢܘܬܐ: ܡܢ ܐܚܪܢܐ ܕܐܝܬ ܠܗ ܦܪܘܫܘܬܐ ܘܚܝܠܐ ܡܢܗ. ܘܐܢ ܐܢܫ ܠܗܠ ܗܘ ܕܢܓܕ ܠܟ. ܠܥܠ ܠܥܕܬܐ ܐܗܦܟ ܢܓܕܝܘܗܝ ܐܢܬ. ܟܕ ܡܠܬܐ ܗܕܐ ܕܟܬܒܐ ܐܡܪ ܐܢܬ ܠܗ: ܐܗܦܟ ܪܓܠܟ ܕܝܠܟ ܡܢ ܐܘܪܚܐ ܒܝܫܬܐ: ܠܐܘܪܚܬܐ ܓܝܪ ܗܠܝܢ ܕܡܢ ܝܡܝܢܐ ܝܕܥ ܐܠܗܐ: ܡܥܩܡܬܐ ܕܝܢ ܐܝܬܝܗܝܢ ܗܠܝܢ ܕܡܢ ܣܡܠܐ: ܚܘܐ ܠܗ ܒܡܠܬܐ ܝܬܝܪ ܫܘܚܠܦܐ ܕܬܪܬܝܗܝܢ ܗܠܝܢ ܐܘܪܚܬܐ. ܚܘܐ ܫܘܠܡܐ ܕܟܠ ܚܕܐ ܡܢܗܝܢ. ܓܚܟ ܘܨܥܪ ܩܕܡܘܗܝ: ܠܥܒܘܪܘܬܗ ܘܠܒܨܝܪܘܬ ܩܘܝܡܗ ܕܒܘܣܡܐ ܗܢܐ ܕܥܒܪ ܚܠܦ. ܕܚܠܝܘܗܝ. ܨܝܪ ܠܗ ܠܒܝܡ ܕܝܢܐ ܗܘ ܕܥܬܝܕ ܕܡܫܝܚܐ. ܐܩܪܒܝܘܗܝ ܠܣܒܪܐ: ܕܚܝܐ ܛܘܒܢܝܐ ܗܢܘܢ ܠܡܫܟܢܐ ܕܠܐ ܣܟܐ ܕܡܛܝܒܝܢ ܠܟܐܢܐ. ܡܢ ܟܠ ܕܘܟ ܣܓܘܪܝܗܝ. ܠܐ ܬܫܒܘܩ ܦܘܪܩܢܐ ܕܝܠܗ. ܠܐ ܬܘܒܕ ܨܝܕܐ. ܐܢ ܕܝܢ ܚܙܝܬ ܕܚܝܠܬܢܐܝܬ ܩܐܡ ܒܬܟܬܘܫܐ ܘܡܬܚܦܛ: ܘܢܙܟܐ ܒܒܝܫܬܐ ܐܝܟ ܠܗ ܡܬܚܦܛܐ: ܘܐܦ ܒܡܬܚܪܢܘ ܐܘ ܒܐܠܨܢܘܬܐ ܢܓܕ ܠܡܬܬܪܦܘ ܗܝܕܝܢ ܐܦ ܕܠܗ ܥܦܪܐ. ܥܒܕ ܐܫܬܡܫ ܒܚܡܬܐ ܟܐܢܬܐ. ܠܪܚܡܘܬܐ ܒܝܫܬܐ ܐܘ ܥܡ ܠܚܒܪܘܬܐ ܫܕܝܘ. ܥܪܘܩ ܡܢ ܒܝܫܐ: ܐܬܕܟܪ ܠܣܐܡ ܢܡܘܣܐ ܪܘܚܢܐ: ܕܡܦܩܕ ܠܟ ܘܦܩܕ ܠܟ ܠܡܪܓܙ ܘܠܐ ܠܡܚܛܐ. ܗܟܢܐ ܪܓܙ ܦܢܚܣ. ܟܕ ܛܥܢܘܢ ܕܢܝܙܟܐ * ܡܙܢܝܢ ܗܘܘ ܡܚܐ ܘܐܬܪ ܒܪܘܡܚܗ: ܠܡܘܬܢܐ ܟܠܝ ܐܠܘ (sic). ܗܟܢܐ ܡܟܝܟܘܬܗ ܗܘܐ ܡܘܫܐ. ܗܘ ܕܪܓܙ ܡܢ ܥܠܘܗܝ

* fol. 106 v° a.

certaine. Si quelqu'un t'y entraîne, entraîne-le en sens contraire à l'église en lui disant cette parole de l'Écriture[1] : « Détourne ton pied de la mauvaise voie. Les voies de la droite, Dieu les connaît, mais les voies tortueuses sont celles de la gauche. » Montre-lui très au long par la parole la différence de ces deux voies. Montre la fin de chacune d'elles. Tourne en risée et blâme devant lui l'état passager et le peu de durée de ce divertissement fugitif. Effraie-le, dépeins-lui le futur tribunal du Christ. Amène-le à l'espérance de la bienheureuse vie infinie qui est préparée pour les justes. Enferme-le de tous côtés. Ne manque pas son salut. Ne perds pas la proie. Si tu vois qu'il résiste trop fortement dans la lutte, qu'il s'efforce de triompher dans le mal et que, soit par la ruse, soit par la violence, il cherche à t'entraîner vers le vice, alors aie recours à une juste colère, rejette une amitié ou une compagnie mauvaise, empresse-toi de fuir le méchant. Souviens-toi du Législateur spirituel qui t'ordonne et te commande de te fâcher et non de pécher. Ainsi Phinées se mit en colère et, lorsqu'il eut frappé et percé de sa lance ceux qui commettaient la fornication, * le fléau cessa (?)[2]. Ainsi Moïse, le plus doux et le plus humble des hommes, s'irrita contre ceux qui transgressaient les lois de Dieu, alors qu'il

* fol. 106 v° a.

1. Prov., IV, 27. — 2. Cf. Nomb., XXV, 7-8.

ܒܨܥܪܐ ܐܡܠܘܗܝ ܗܘܐ ܢܝܚܐ ܘܡܟܝܟܐ ܠܡܣܝܒܪܘ ܗܘܐ ܕܢܦܫܗ ܗܘܘ ܢܡܘܣܐ ܕܐܬܘܐ ܕܝ ܟܪܘܫܬܐ ܕܥܠܬܐ ܗܠܝܢ ܕܥܠܘ ܒܛܢܢܐ ܡܨܥܪܢܝܢ ܗܘܐ ܘܡܬܚܫܒܢܘܬܐ: ܕܝ ܕܝܢ ܗܠܝܢ ܕܒܢܝܐ ܕܠܐ ܘܐܒܝܪܡ ܘܟܢܘܫܬܐ ܗܝ ܕܒܝܬ ܩܘܪܚ ܚܫܡܬܢܘܬܐ ܘܡܨܥܪܢܘܬܐ ܐܬܬܪܝܡܘ ܠܡܘܫܐ: ܗܘ ܣܐܡ ܢܡܘܣܐ: ܘܡܕܒܪܢܐ ܕܥܡܐ ܥܠ ܒܠ ܐܦܘܗܝ ܢܦܠ ܩܕܡ ܐܪܥܐ ܩܕܡܝܗܘܢ ܡܒܝܐܣ ܗܘܐ ܘܡܬܚܢܢ ܠܗܘܢ ܠܡܨܥܪܢܐ: ܕܠܐ ܒܪܘܓܙܐ ܗܘ ܕܡܢ ܠܥܠ ܢܦܠܘܢ: ܗܘ ܐܝܟܢܐ ܕܟܕ ܠܐ ܡܬܛܦܝܣܢܐ ܗܘܘ ܘܡܬܪ̈ܡܐ. ܠܚܪܬܐ ܫܕܪ ܐܢܘܢ ܠܫܝܘܠ܀

ܙܕܩ ܕܝܢ ܕܨܥܪ̈ܐ ܗܢܘܢ ܘܡܣܟܠܢܘܬܐ ܗܠܝܢ ܕܠܘܬܢ: ܘܡܟܝܟܐܝܬ ܘܦܝܠܣܘܦܐܝܬ ܢܗܘܐ ܡܣܝܒܪܝܢ ܚܢܢ ܘܡܣܝܒܪܝܢ ܚܢܢ. ܕܗܠܝܢ ܕܝܢ ܕܠܘܬ ܐܠܗܐ ܡܬܚܫܒܢ: ܘܠܘܩܒܠ ܫܘܒܚܗ ܡܬܥܒܕ̈ܢ. ܒܚܡܬܐ ܣܓܝ ܩܫܝܐܝܬ ܙܕܩ ܕܢܬܥܝܪ. ܡܛܠ ܗܢܐ ܓܝܪ ܐܦ ܐܡܪ ܚܕ ܢܒܝܐ ܐܡܪ: ܕܡܟܝܟܐ ܢܗܘܐ ܩܪܒܬܢܐ. ܡܟܝܟܘܬܐ ܓܝܪ ܘܢܝܚܘܬܐ ܕܠܐ ܦܪܘܫܘܬܐ. ܘܕܠܐ ܡܠܬܐ ܡܠܝܠܬܐ: ܕܥܢܐ ܐܝܬܝܗ ܘܠܐ ܕܒܢܝܢܫܐ ܡܠܝܠܐ. ܡܛܠ ܗܢܐ ܓܝܪ ܐܝܬܝܗ ܚܡܬܐ ܒܢܦܫܢ ܕܬܗܘܐ ܡܦܝܣܐ ܠܢ ܘܡܓܪܓܐ ܠܚܝܠܬܢܘܬܐ. ܘܢܬܚܫܚ ܒܗ ܠܘܩܒܠ ܪܦܝܘܬܐ ܕܚܫ̈ܐ: ܘܢܬܟܬܫ ܥܡܗ ܥܠ ܢܡܘ̈ܣܐ ܕܐܠܗܐ: ܘܐܦ ܚܠܦܘܗܝ ܕܫܪܪܐ܀

supportait doucement et humblement ses injures personnelles. Lorsque la famille de Dathan et d'Abiram et la réunion de la famille de Coré[1] se soulevèrent contre lui par jalousie et d'une manière outrageante, le législateur et chef du peuple tomba à terre sur sa face devant eux, et il exhortait et suppliait les insulteurs de ne pas s'exposer à la colère d'en haut. Comme ils demeuraient désobéissants et orgueilleux, à la fin il les envoya en enfer.

Nous devons subir et supporter humblement et philosophiquement les injures et les injustices qui nous sont faites, mais celles qui sont dirigées contre Dieu et fomentées contre sa gloire, nous devons nous tenir en éveil contre elles avec colère et le plus durement possible. C'est pourquoi un prophète a dit : « Que l'homme doux devienne belliqueux. » L'humilité et la douceur qui sont inintelligentes et n'ont pas de raison d'être, sont le propre des moutons et non des hommes raisonnables. C'est pourquoi l'irascibilité se trouve dans notre âme, afin qu'elle nous exhorte et nous excite au courage, que nous nous en servions contre la mollesse des passions, et que nous combattions avec elle pour les lois de Dieu et aussi pour la vérité.

1. Cf. Nomb., XVI, 24 et suiv.

[Texte syriaque — 16 lignes, non transcrites]

Mais je ne sais pas pourquoi, après le sermon que je vous ai prêché auparavant dans l'église, alors que je m'attendais à vous voir faire de bonnes œuvres, je vous parle encore des moyens d'éviter le mal. Je reviens à parler du vice et de la vertu, parce que nous avons besoin de pratiquer beaucoup les bonnes œuvres pour échapper à cette colère qui est suspendue au-dessus de nous, qui est en route maintenant vers d'autres villes. ' Elle ne s'est pas encore éloignée de la ville d'Alexandrie, dont elle continue de dévorer les gens sains, croissant et se propageant, au point que les habitants ferment non seulement les théâtres, mais aussi les cabarets, les maisons des marchands de vins, les boutiques de viandes crues et cuites et de comestibles de toute sorte offrant quelque agrément, et dans leur deuil ne se nourrissent que de pain et de légumes secs; ils ne font rien autre que de supplier Dieu tous les jours par d'ardentes prières.

Saisissons donc cette nécessité pour montrer volontairement de la pénitence et obtenir, outre le bénéfice d'éviter la colère, la récompense due en pareil cas. Ce n'est pas, en effet, sans en être récompensé qu'on songe de son propre mouvement : Si de telles calamités nous survenaient, que ne voudrions-nous pas faire pour y échapper? Avant qu'elles ne surviennent, vivons

[Texte syriaque — 15 lignes]

avec vigilance (φιλοπονία) et philosophiquement. Si, par cette correction et par la crainte, nous ne nous convertissons pas, manquerons-nous d'être des sots et des étrangers pour Dieu, d'être livrés à une ruine complète, et de tomber dans la fosse profonde?

On peut trouver ainsi évidente la parole écrite par Jérémie[1] : « Par la douleur et la verge sois instruite, ô Jérusalem, afin que mon âme ne s'éloigne pas de toi, et que je ne fasse pas de toi une terre inculte qui ne soit pas habitée. » Aussi est-ce terrifié et tremblant que je me suis arrêté à ces paroles, et j'ai prononcé à pleine voix ce verset de l'Apôtre saint Paul[2] : « Pendant qu'il en est temps encore, faisons le bien. » Nous avons grand besoin de beaucoup de prévoyance. Nous attendons le choc impétueux des démons contre nous. Fortifions-nous par le mur du secours divin. Quel est ce mur? La crainte de Dieu. « L'ange du Seigneur campéra autour de ceux qui le craignent, et il les sauvera[3]. » Considère que la garde d'un seul ange autour de toi prend la place et la force de tout un camp d'armée et de l'ensemble des soldats. Et aussi à chacun *de ceux qui craignent le Seigneur est attaché un ange pour sa garde. C'est pourquoi, en parlant d'hommes chastes,

* fol. 107
r° a.

---

1. Jérém., VI, 8. — 2. Galat., VI, 10. — 3. Ps. XXXIII (XXXIV), 8.

ܡܠܐܟܐ ܕܝܠܗ ܐܡܪܝܢ ܚܢܢ ... (Syriac text, 15 lines) ...

nous disons : ton ange. Dans les Actes des Apôtres[1], lorsque Pierre, arrêté et mis en prison par Hérode, eut, contre l'attente de tous, frappé à la porte d'une maison, les gens qui étaient à l'intérieur, perplexes et incrédules, dirent à la jeune fille qui l'annonçait : C'est son ange. Et qu'y a-t-il là d'étonnant, quand chaque petit enfant a son ange gardien déterminé et distinct? Le Seigneur dit dans l'Évangile[2] : « Voyez, ne méprisez pas un de ces petits, car je vous dis que leurs anges dans les cieux voient en tout temps la face de mon Père qui est dans les cieux. » Non pas comme si l'on voyait la face de Dieu. Comment donc aurait une face celui qui n'a ni forme ni corps? Ou comment verrait-on l'être invisible? Mais c'est l'habitude de la Sainte Écriture d'appeler face l'action que Dieu fait pour nous. Ainsi le Psalmiste a dit[3] : « Ne détourne pas ta face de moi »; et[4] : « Éclaire ta face sur ton serviteur. » Les anges voient donc, c'est-à-dire considèrent quelles sont l'action et la sollicitude de Dieu pour les petits enfants, et ils les gardent en veillant avec soin et vigilance.

Comprenez-vous, ô femmes, quel tort vous causez à ces petits enfants, quand vous les envoyez au théâtre? Vous dépouillez ces êtres que vous aimez

---

1. Actes des Apôtres, chap. xii. — 2. Matth., xviii, 10. — 3. Ps. xxvi, 9. — 4. Ps. xxx, 17.

* fol. 107
r° b.

---

du secours et de la garde angéliques, et vous les préparez à subir le
dommage du Malin. On définirait cela le fait d'ennemies, plutôt que de
mères! Courons donc tous à l'église, jeunes et vieillards, hommes et femmes, gens de toute espèce et de toute taille. Rendons ainsi non troublée la
garde des anges autour de nous, surtout en participant aux saints mystères,
par la puissance desquels nous serons oints et nous serons fortifiés. Alors
près de nous demeureront les anges non seulement à cause * de notre propre
garde, mais aussi par honneur pour leur Maître; et ils seront fermes et per-
sévérants pour nos âmes et nos corps qui seront comme des habitations
angéliques dans lesquelles demeure le Roi. Que personne ne me dise : Je
crains la communion des mystères et je m'en écarte. Saint Paul en effet
m'arrête lorsqu'il dit[1] : « Celui qui mange et boit d'une manière indigne,
mange et boit la condamnation pour lui-même. » C'est pour cette raison que,
une fois ou deux par an, je m'approche de la table redoutable avec circons-
pection. Et c'est cela, dis-moi, que tu regardes comme un empêchement,
parce que l'Apôtre te dit : Tu te purifieras chaque jour et tu jouiras de cette
nourriture immortelle dont tu ne dois manger ni boire d'une manière indigne.

* fol. 107
r° b.

---

1. I Cor., XI, 29.

1. ‏ܠܩܘܡܠ‏ (sic.)

Si l'on te rappelait lorsque tu dois te rendre auprès d'un roi, que tu dois faire ton entrée d'une manière convenable, avec une tenue et une démarche modestes, nous ne dirions pas qu'on t'a écarté ainsi de la demeure des rois, mais qu'on t'a plutôt encouragé à y entrer et à y jouir de l'honneur en te présentant d'une manière convenable. Et encore, lorsque tu t'approches une fois par an, tu ne te purifies pas à l'avance pour toute l'année d'une manière digne par ce jour, dans lequel tu veux t'approcher. S'il n'en est pas ainsi, ta subtilité a-t-elle quelque raison d'être? C'est tout le contraire. Lorsque tu as entassé l'impureté de plusieurs mois et un grand amas de péchés, c'est plutôt d'une manière très indigne que tu t'approches. Celui qui s'approche continuellement, sait qu'il est tout préparé pour se présenter devant le Roi, le saluer et le recevoir à l'intérieur; de toutes ses forces et de tout son pouvoir, il évite de nombreux péchés. Mais toi, après avoir fixé une fois pour t'abstenir ensuite, tu envisages un long délai et, avec assurance et sans crainte, tu fais tout ce qui te plaît jusqu'à ce que vienne ce jour dans lequel il n'y aurait pas même une entrée pour le Roi qui trouverait fermée ton habitation.

Nous devons donc nous purifier le plus possible et nous approcher cons-

ܐܢ ܝܬܝܪ ܡܢ܍ ܟܬܒܐ ܣܩܘܒܠܐ ܐܝܟ܆ ܡܟܘܣܢܐ ܐܠܐ ܠܗ ܡܛܠ ܗܘܐ * fol. 107 v° a.

(texte syriaque)

---

tamment du Pur. Le soleil est * visible aux yeux sains, mais ce n'est pas une * fol. 107 v° a.
raison pour que ceux qui ont une vue faible dédaignent de se soigner pour
être privés complètement de l'éclat des rayons. Ne sais-tu pas que ce
sacrifice spirituel et non sanglant se retrouve dans le service légal qui était

5 accompli autrefois au moyen du sang, lorsque, chaque jour matin et soir,
il était offert en expiation? Par là on doit savoir qu'il n'y a qu'un seul et
même sacrifice qui, suivant la Loi, était offert le matin et au commencement
de la connaissance de Dieu, et qui, suivant l'Évangile, était immolé pour la
fin des jours du monde et le soir, d'une manière spirituelle et plus complète.

10 Ce sacrifice était appelé aussi sacrifice perpétuel, parce qu'il était offert per-
pétuellement et sans interruption. Si donc tous te ressemblaient, à toi qui ne
te présentes qu'une seule fois dans l'année, le sacrifice demeurerait un sacrifice non sacrifiable, la perpétuité de l'immolation serait interrompue,
l'expiation cesserait, l'autel serait sans service. Quel serait celui qui pren-

15 drait le péché du monde qui a besoin en tout temps de purification? Tu vois
en combien d'insanités nous tomberions, si nous obéissions à nos décisions
intimes, et non pas à la Loi.

En nous occupant de faire de bonnes œuvres par tous les moyens, parti-

[Syriac text — 5 lines]

[Syriac heading — title of homily]   5

[Syriac subtitle line]

[Syriac text — 4 lines]   10

cipons donc au sacrifice vivifiant. Car il n'est pas possible que quelqu'un
croie et n'y participe pas, s'il veut vivre de la vraie vie, comme il ne peut
vivre sans respirer d'air. C'est pour cela aussi que nous, qui avons cru dans
le Christ, nous vivons, nous nous agitons et nous existons par lui [1]: A lui la
gloire éternelle. Amen!   5

HOMÉLIE LV

Λόγος συντακτικός OU PAROLES D'ADIEU, LORSQU'IL SE PRÉPARAIT A PARTIR POUR
VISITER LES SAINTES ÉGLISES DES CAMPAGNES ET DES VILLES ET LES SAINTS
MONASTÈRES.

Soucieux de suivre la loi qui nous vient des Pères, nous partirons demain 10
pour visiter les églises saintes des campagnes et des villes et les monastères
sacerdotaux des ascètes qui se consacrent à la vie monastique. Dieu dirigera
notre marche suivant sa parole que David a rapportée dans les Psaumes [2].

1. Cf. Rom., vi, 8; xiv, 8. — 2. Ps. xxxix (xl), 3.

Car la loi veut * que celui qui, à quelque époque que ce soit, occupe ce siège   * fol. 107
apostolique, visite, en quittant la ville, le troupeau du diocèse. J'estime que   v° b.
cette loi est convenable. Comment en effet ne serait-elle pas convenable, elle
qui est ancienne et en même temps honorée, qui s'appuie non seulement sur
5 les décisions des Pères mais aussi sur les paroles du Livre inspiré par Dieu?
Il est écrit que le prophète Samuel menait à Ramatha la vie ascétique, y avait
sa demeure habituelle, faisait le service de l'autel et y exerçait le ministère
sacerdotal. Lorsqu'il faisait des sacrifices pour le peuple, il circulait et se ren-
dait dans les lieux célèbres et saints, visitant et jugeant Israël. Le Livre sa-
10 cerdotal a ces paroles¹ : « Samuel jugea Israël tous les jours de sa vie. Et il
voyageait constamment chaque année, il circulait à Béthel, à Galgala et à
Mispa, et il jugeait Israël dans tous ces lieux saints. Son retour avait lieu à
Ramatha; là était sa demeure, et il jugeait là Israël, et il construisit là un
autel au Seigneur. »
15   Cette coutume de visiter et de circuler qui sied à ceux auxquels a été confiée la direction du peuple, ne manquait pas non plus aux Apôtres. Il est écrit
dans les Actes des Apôtres² : « Après quelques jours, Paul dit à Barnabé:

1. 1 Sam., VII, 15-17 (Septante, I Rois, VII, 15-17). — 2. Actes des Apôtres, XV, 36.

ܒܥܐ ܗܘ̣ܐ ... (texte syriaque)

* fol. 108
r° a.

1. ‍‍ܐܣܬܝܟܕܘܣܐ (sic.)

Retournons-nous-en et visitons les Frères dans toute ville où nous avons annoncé la parole du Seigneur, (pour voir) comment ils se trouvent. » On a déjà montré que ce voyage est légal et nécessaire, et non pas superflu et oiseux. Mais vous, dans quel état pensez-vous que je me trouverai lorsque je cesserai pour un peu de temps de me mêler avec vous les amis de Dieu ? Ou de quelles paroles me servirai-je si je prolonge un peu trop mon absence et me prive de votre vue sacerdotale ? N'est-ce pas de ces paroles que saint Paul écrivait aux Thessaloniciens en disant[1] : « Nous, ô nos Frères, qui avons été fait orphelin de vous pour un moment, de vue et non de cœur, nous étions surtout sollicité par un vif désir de voir votre visage. » Qui admirerait comme il convient la puissance de ces paroles ? Au milieu d'elles je suis saisi d'étonnement lorsque j'y vois mêlée cette charité que le Christ a enflammée, lui qui dit[2] : « Je suis venu jeter le feu sur la terre et je voudrais qu'il brûlât déjà. » C'est au sujet de cette charité que la fiancée du Cantique des Cantiques qui symbolisait à l'avance l'Église, dit[3] : « Beaucoup d'eau ne pourra éteindre la charité et les fleuves ne l'emporteront pas. »

* fol. 108
r° a.

---

1. I Thessal., ii, 17. — 2. Luc, xii, 49. — 3. Cant., viii, 7

ܐܡܪ ܐܢܐ ܝܬܡܘܬܐ. ܠܫܒܩܬܐ ܕܩܠܝܠܐ ܛܒܐ ܕܗܘܬ ܫܥܬܢܝܬ ܡܪܕܐ. ܠܐ ܓܝܪ ܐܡܪ ܕܟܕ ܐܬܦܪܫܢ ܐܘ ܟܕ ܐܬܪܚܩܢ ܡܢܟܘܢ ܐܠܐ ܟܕ ܗܘܝܢ ܝܬ̈ܡܐ ܡܢܟܘܢ. ܡܚܘܐ ܕܒܢܘܬܐ. ܕܐܝܟ ܗܠܝܢ ܕܒܢ̈ܝܐ ܘܐܒ̈ܗܐ ܐܝܬܝܗ̇. ܗܘܬ ܪܚܡܬܐ. ܘܚܝܠܐ ܕܟܝܢܐ ܐܝܬ ܠܗ̇: ܡܐܠܐܟܘ ܕܝܢ ܕܨܝܕ ܣܓܝܐܐ ܝܬܝܪ ܐܝܬܝܗ̇ ܡܬܚܒܒܢܝܬܐ ܝܬܝܪ ܡܢ ܗܕܐ. ܐܦ ܓܝܪ ܗܪܟܐ ܠܛܟܣܐ ܟܝܢܝܐ ܗܦܟ. ܡܢ ܓܝܪ ܦܪܨܘܦܐ ܕܐܒܐ ܐܚܕ ܗܘܐ ܦܘܠܘܣ. ܝܬܡܐ ܡܩܪܐ ܗܘܐ ܠܗ ܡܢ ܙܒܢܐ ܕܢܘܕܥ ܕܠܬܪ̈ܬܝܗܝܢ ܪ̈ܚܡܬܐ ܐܚܝܕܐ ܐܝܟ ܗܘܐ ܠܗ ܒܗ. ܚܘܒܐ ܕܐܒ̈ܗܬܐ ܘܚܘܒܐ ܕܒܢ̈ܝܐ. ܘܡܚܒ ܗܘ ܐܝܟ ܐܒܐ. ܕܚܐܫ ܗܘܐ ܒܗ ܕܝܢ ܒܡܚܒܝܢܘܬܗ. ܐܝܟ ܒܪܐ ܕܝܬܡܘܬܐ ܠܐ ܡܨܐ ܠܡܣܝܒܪܘ. ܐܒܐ ܡܢ ܓܝܪ ܐܦ ܢܣܝܒܪ ܟܒܪ ܦܘܪܫܢܐ ܕܒܢ̈ܝܐ. ܒܪܐ ܕܝܢ ܠܐ ܦܝܠܣܘܦܘܬܐ ܘܠܐ ܡܬܚܝܠܢܘܬܐ ܐܝܬ ܠܗ ܠܗܕܐ. ܡܚܕܐ ܦܠܛܗ ܠܒܟܝܐ ܘܠܐܠܝܬܐ ܢܦܩ. ܘܠܘ ܡܢ ܐܬܝܬܡܢ ܐܡܪ ܒܠܚܘܕ. ܐܠܐ ܡܢ ܣܓܝ ܐܬܝܬܡܢ ܡܢܟܘܢ. ܡܢ ܐܬܚܛܦ ܘܐܬܢܬܦ ܡܢܗܘܢ ܘܐܝܟ ܕܒܐܢܢܩܐ ܐܬܢܓܕ ܡܬܩܛܝܪܐܝܬ: ܡܚܘܐ ܗܘܐ ܗܢܐ ܒܬܘܣܦܬܐ ܘܒܡܘܬܚܐ ܕܒܫܡܫܐ ܗܘ ܕܐܡܪ ܕܣܓܝ ܐܬܝܬܡܢ ܡܢܟܘܢ܀

ܕܬܪ̈ܝܢ ܕܝܢ ܕܐܘܣܦ ܕܒܦܪܨܘܦܐ ܐܬܦܪܫ. ܒܠܒܗ ܘܠܘ ܒܠܒܐ ܡܢ ܡܟܝܠ ܕܐܦ

En premier lieu, cet abandon qui est très court — je ne dis pas : ce voyage — il l'appelle un orphelinage qui a eu lieu pour un moment. Car il n'a pas dit : Lorsque nous nous fûmes séparé, ou lorsque nous nous fûmes éloigné de vous, mais : Lorsque nous avons été fait orphelin de vous, montrant par là que la charité était comme l'amour filial et paternel, et qu'elle possède la puissance de la nature; bien plus, que chez beaucoup elle est encore plus attachante que celle-ci. Mais ici encore il revient à l'ordre *naturel;* prenant en effet la figure d'un père, saint Paul s'appelait un orphelin et donnait à entendre qu'il possédait en lui les deux amours en même temps : l'amour paternel et l'amour filial, aimant comme un père qui souffrait dans son amour, et comme un enfant qui ne peut supporter l'orphelinage. Un père en effet pourrait peut-être supporter la séparation des enfants, mais un fils n'a ni la philosophie ni la force d'agir ainsi; aussitôt il se laisse aller aux larmes et aux sanglots. Il ne dit pas seulement : Lorsque nous avons été fait orphelin; mais : Lorsque nous avons été fait beaucoup orphelin de vous. Alors qu'il avait été enlevé et arraché à eux et que, comme par la nécessité, il avait été entraîné violemment, il montrait cela par une addition et une extension de la locution dont il se servait : Nous avons été fait beaucoup orphelin de vous.

En second lieu, il a ajouté qu'il a été séparé de vue seulement et non de cœur, indiquant qu'il circulait encore parmi eux en pensée, et se consolait

*fol. 108
r° b.

[Texte syriaque, 15 lignes]

---

*fol. 108
r° b.

ainsi. Il brûlait et était enflammé par la perte de leur vue corporelle, *c'est
pourquoi il disait : Nous étions surtout sollicité par un vif désir de voir votre
visage. Dans lequel de ces mots dois-je classer le sens? Dans « surtout »?
Dans « Nous étions sollicité »? Dans « par un vif désir »? Tous ces mots
me montrent que l'ami était enflammé comme quelqu'un qui serait anxieux,
empressé et avide de voir sans mesure et sans restriction celui qu'il aime.
Tel était Paul qui possédait en lui le Christ et qui, comme d'une source
d'amour divin, répandait des flots de paroles et de sens divins et enflammés.
Lorsque, moi le petit, je vois l'image de sa grande vertu et l'abondance de
votre beauté spirituelle, je suis frappé dans mon âme à cause de vous, alors
que je suis un ami honteux et inutile et que je suis entraîné loin de vous de
force et non volontairement. Mais, comme nous avons été rachetés pour un
prix, et pour un prix très grand, par le sang du Christ [1], il faut absolument
que nous suivions les commandements du Maître et que nous emplissions la
voie tracée devant nous.

Je veux vous adresser une courte exhortation en me servant de nouveau
des paroles que saint Paul écrivit aux Philippiens [2] : « Donc, mes amis, comme

1. Cf. I Cor., vi, 20. — 2. Philipp., ii, 12.

vous avez obéi en tout temps, non seulement en ma présence, mais maintenant beaucoup plus en mon absence, travaillez à votre salut avec crainte et
effroi. » Souvenez-vous de moi pour les offices des psaumes aux séances noc-
turnes, pour les prières du soir, à cause de cette colère qui était descendue sur
nous, pour ces supplications accomplies à cet égard, que nous crûmes devoir
faire pendant tout ce mois, deux fois par semaine. Il nous a fallu pendant tout
ce temps-là supporter cette fatigue, jusqu'à ce que nous eussions appris que
nos frères, qui étaient travaillés par ce mal, étaient délivrés de ce terrible
fléau. J'avais craint de vous causer de l'angoisse et des charges, et de vous
imposer un fardeau sans que vous satisfassiez au commandement, vous qui
aviez montré votre volonté en appelant de la joie les théâtres et les divertisse-
ments inutiles.

 *Allez à l'église d'une manière constante et suivie. Là, étendant vos mains,
suppliez Dieu de vous diriger vers toute bonne œuvre et de vous aider. Ne
dormez pas de peur que, pendant que vous ne seriez pas sur vos gardes, les
démons, à l'instar de certains barbares, ne s'élancent sur vous. Qu'ils ne
voient pas que vous n'êtes pas fortifiés et que vous êtes privés du secours de
Dieu. Ils ont une vue perspicace, vigilante, attentive, meurtrière, « car ils ne
s'endormiront pas sans faire du mal; le sommeil est écarté de leurs yeux et ils

* fol. 108 v° a.

ne dorment pas », dit ce Livre sacerdotal[1]. De tous côtés fortifiez-vous donc par la foi et la pureté de la chair, en faisant le signe de la croix sur votre front et en revêtissant la puissance des saints mystères comme une cuirasse spirituelle. Par une abondante miséricorde pour les nécessiteux vous vous attirerez la miséricorde d'en haut. Et nous aussi, éloignés de vous, nous vous aiderons, en sollicitant ces hommes qui ont quitté le monde et qui sont près de Dieu, pour qu'ils étendent leurs prières pour vous, des prières pures et rapides que ne retardent ni la matérialité ni la distraction et qui volent vers le ciel.

Nous croyons qu'il y a un seul Dieu dans la Trinité : le Père, le Fils et le Saint-Esprit. Qu'il soit comme un mur triple et inexpugnable pour la ville, terrible et invincible pour Satan et les démons. Faisons monter par-dessus tout la louange au sauveur de nos âmes, auquel appartiennent la gloire, l'honneur et le pouvoir pour l'éternité[2]. Amen !

1. Prov., IV, 16. — 2. Cf. Ép. de saint Jude, 25.

ܡܐܡܪܐ ܘܚܡܫܝܢ ܘܫܬܐ

ܥܠ ܡܐܬܝܬܗ ܠܩܢܫܪܝܢ ܘܩܘܒܠܗ ܕܗܘܐ ܠܗ ܡܢ ܡܗܝ̈ܡܢܐ ܕܡܕܝܢܬܐ܀

HOMÉLIE LVI

SUR SON ARRIVÉE A KINNESRIN ET SA RÉCEPTION PAR LES FIDÈLES DE LA VILLE.
LE COMMENCEMENT SEUL DE CETTE HOMÉLIE AVAIT ÉTÉ PRONONCÉ, LORSQU'ELLE
FUT INTERROMPUE A CAUSE D'UNE QUESTION D'AFFAIRE MUNICIPALE ET D'UN TU-
MULTE, ET ELLE FUT REPRISE SUBITEMENT A LA FIN.

Quand Moïse le Grand fut monté à la montagne du Sinaï, alors qu'il fut entré
au milieu du nuage, qu'il fut resté quarante jours * sans prendre de nourriture
et qu'il fut avec le Législateur, il devint initié aux mystères de la loi. Alors
il descendit, portant dans ses mains ces bienheureuses tables qui avaient été
écrites par le doigt de Dieu[1]. Le doigt de Dieu incorporel, c'est le Saint-
Esprit. Tout ce que Dieu écrit, est écrit par l'Esprit. C'est pourquoi tout livre
divin est dit inspiré par Dieu. Lorsque les Pharisiens disaient de notre
Sauveur le Christ qu'il chassait les démons par Beelzeboub, Matthieu dit
qu'il leur répondit et leur dit[2] : « Si je chasse les démons par l'Esprit de Dieu,

1. Cf. Ex., XXXI, 18; Deut., IX, 10. — 2. Matth., XII, 28.

[Texte syriaque, 13 lignes, lu de droite à gauche.]

* fol. 109
r° a.

c'est que le royaume de Dieu est proche de vous »; Luc, écrivant la même chose, dit que Notre-Seigneur dit aux blasphémateurs[1] : « Si je chasse les démons par le doigt de Dieu, c'est que le royaume de Dieu est proche de vous. » Lorsque aussi les magiciens et les sorciers de Pharaon cherchaient, comme il est écrit[2], à faire les prodiges qui avaient été accomplis par la main de Moïse et qu'ils furent vaincus, stupéfaits de la puissance invincible de l'Esprit qui opérait ces prodiges : « C'est l'œuvre du doigt de Dieu », s'écrièrent-ils[3]. Ce que Moïse fit comme serviteur et ministre, c'était l'œuvre de la grâce qui opérait par ses mains ces miracles. Mais le Christ, l'Esprit lui appartenait en propre en tant que Fils, il était dans sa nature et de même essence. C'est pourquoi il souffla sur ses disciples en disant[4] : « Recevez le Saint-Esprit. » C'est lui qui au commencement forma l'homme de la poussière de la terre et souffla sur sa face le souffle de vie. Tout ce qui fut, c'est le Père qui le fit par le Verbe et le Fils et par l'Esprit qui y prit part et couvait au-dessus des eaux qu'il frappait, et par lui il donnait l'être à tous. Par lui nous aussi nous vivons, nous nous agitons et nous existons[5]. Il est celui qui maintient l'état de ce qui existe.

* fol. 108
r° a.

* Lorsqu'il portait les tables qui avaient été écrites par cet Esprit, Moïse,

1. Luc, XI, 20. — 2. Ex., VIII, 18. — 3. *Ibid.*, VIII, 19. — 4. Jean, XX, 22. — 5. Cf. la fin de l'Homélie LIV.

voyant que le peuple était devenu insensé, injurieux et coupable, qu'il s'était
fait, au lieu de la gloire de Dieu, une image d'un bœuf mangeant de l'herbe
— c'est ainsi que le Livre raille d'une belle manière leur faute[1] — il jeta ces
tables écrites par Dieu et les brisa. Dieu en effet établit la loi pour ceux qui
sont éveillés et non pour ceux qui sont ivres. Mais, lorsqu'ils se furent re-
pentis de leur péché, il écrivit de nouveau dans d'autres tables la même loi.
D'abord cependant Moïse entendit ces paroles[2] : « Monte vers moi à la montagne et je te donnerai ces tables de pierre, la loi et les commandements que
j'ai écrits, tu en feras leur loi. »

Après le péché, il ne parla pas ainsi, mais[3] : « Taille-toi deux tables de
pierre semblables aux premières; monte vers moi à la montagne et j'écrirai
sur les tables les paroles qui étaient sur les premières tables que tu as bri-
sées. » Cette parole montre par un symbole que lorsque Dieu eut créé l'homme
au commencement et qu'ensuite il l'eut recréé de nouveau par le nouveau
baptême de l'enfant, il écrivit sur les tables de son cœur qui étaient pures,
qu'il avait créées et renouvelées ensuite, ses propres lois : d'abord la loi naturelle, et à la fin la loi évangélique et spirituelle. Si quelqu'un brise par le

1. Voir Ex., xxxii. — 2. *Ibid.*, xxiv, 12. — 3. *Ibid.*, xxxiv, 1.

ܡܥܠܬܐ ܠܗ̇ܘ ܕܝܢ ܠܗܘ ܠܟܬܒܐ ܕܨܒܥܐ ܕܐܠܗܐ ܡܫܬܘܐ: ܐܠܐ ܐܢ ܕܝܢ ܗܘ ܡܢܗ ܘܒܗ ܠܗܠܝܢ ܢܦܣܘܩ ܗܘ ܠܗ ܟܕ ܡܬܬܘܐ. ܟܕ ܡܪܩ ܡܢܗ ܠܣܢܝܘܬܐ ܕܚܛܝܬܐ ܒܡܥܒܕܢܘ̈ܬܐ ܕܕܟ̈ܝܬܐ܀

ܐܢ ܗܟܝܠ ܗܘ ܡܠܟܐ ܕܟܠ ܘܡܪܐ. ܠܐ ܐܣܬܠܝ ܐܘ ܐܣܠܝ: ܐܠܐ ܐܫܘܝ ܕܠܢܡܘܣܐ ܘܬܘܒ ܬܢܝܢܘܬ ܢܬܠ ܠܥܡܐ ܕܐܪܓܙܗ. ܐܝܢܐ ܡܦܩ ܒܪܘܚܐ ܢܗܘܐ ܠܢ: ܠܢ ܗܠܝܢ ܕܥܦܪܐ ܘܩܛܡܐ ܐܝܬܝܢ ܐܝܟ ܕܟܬܝܒ.· ܟܕ ܠܟܘܢ ܥܪ̈ܒܐ ܚܒܝ̈ܒܐ ܕܡܫܝܚܐ ܘܪ̈ܬܚܐ ܛܢܢܐ ܐܠܗܝܐ ܢܫܡܝܢ ܐܢܬܘܢ. ܠܐ ܢܐܡܪ ܠܗ ܕܝܢ ܠܗ ܠܡܐܡܪܐ: ܠܗܘ ܕܫܠܡ ܗܘܐ ܠܫܓܘܫܝܐ ܕܐܢܫܝܢ. ܠܡܬܢܝܘ ܗܟܝܠ ܙܕܩ ܠܝ ܠܗܠܝܢ ܕܐܬܡܠܠ ܕܡܢ ܩܕܡ ܐܬܐܡܪ. ܠܟܘܢ ܕܝܢ. ܗܘ ܕܝܢ ܗܘ ܡܫܡܥܬܐ. ܝܕܥ ܐܢܐ * ܕܠܘ ܒܠܘ̈ܚܐ ܠܐ ܦܣܝ̈ܩܬܐ. ܐܠܐ ܒܠܘܚܐ ܗܠܝܢ ܕܡܕܟܝܢ ܕܠܒܐ ܕܝܠܟܘܢ ܫܦܝܪ ܝܕܥ ܐܢܐ ܕܣܐܡ ܐܢܐ܀

(* fol. 109 r° b.)

ܣܓܝܐ̈ܬܐ ܐܢܝ̈ܢ ܗܠܝܢ ܕܡܩܪ̈ܒܢ ܠܝ ܕܠܐ ܐܥܒܪܝܘܗܝ ܒܫܬܩܐ ܠܡܕܝܢܬܐ ܕܝܠܟܘܢ. ܐܠܐ ܐܬܠ ܩܠܐ ܒܟܢܫܐ ܗܢܐ ܡܗܝܡܢܐ ܘܪܚܡ ܐܠܗܐ.· ܗܘ ܕܐܝܬܘܗܝ ܥܕܬܐ ܕܐܠܗܐ ܚܝܐ.· ܘܐܚܘܐ ܒܠܚܘܕ ܫܦܝܪܘܬ ܨܒܝܢܐ ܕܡܚܫܒܬܐ ܕܝܠܝ: ܘܐܦ ܠܐ ܡܕܡ ܚܝܠܬܢܐ ܐܝܬ ܠܝ ܕܐܡܪ.· ܐܘ ܕܡܥܕܪܢܘܬܐ ܡܝܬܪܬܐ. ܚܕܐ ܕܝܢ ܝܬܝܪܐܝܬ

péché ces tables du cœur, il n'est plus digne du même livre écrit par le doigt de Dieu, si ce n'est lorsque lui-même se taille pour lui ces tables au moyen du repentir, en effaçant en lui l'horreur du péché par des œuvres pures.

Si donc le Roi et Maître universel n'a pas refusé et repoussé, mais a daigné donner de nouveau et une seconde fois sa loi au peuple qui l'avait irrité, quelle excuse aurions-nous, nous qui sommes poussière et cendre, comme il est écrit[1], si, à vous les brebis aimées du Christ qui respirez le zèle divin, nous n'adressions pas le même discours qui mit fin au trouble de quelques-uns? Je dois donc répéter les paroles qui ont été déjà dites. Pour vous, c'est le même discours que vous entendrez. Je sais parfaitement bien que ce * n'est pas dans des tables non taillées, mais dans les tables purifiées de votre cœur que je le déposerai.

(* fol. 109 r° b.)

Beaucoup de raisons m'engagent à ne pas traverser en silence votre ville, mais à faire entendre ma voix dans cette assemblée fidèle et aimant Dieu, qui est l'Église du Dieu vivant, et à montrer seulement la bonne volonté de ma propre pensée, quoique je n'aie à dire rien de puissant ni qui soit particulièrement utile. Une raison beaucoup plus que toute autre m'encourage,

1. Gen., XVIII, 27.

ܠܝ ܡܢ ܟܠܗܘܢ ܡܫܠܗܒܐ ܠܝ ܘܡܬܥܝܪܢܘܬܐ ܘܡܥܝܪܐ. ܘܡܬܚܫܒܢܐ ܕܝܢ ܠܡܪܗܛܐ ܕܐܦ ܥܒܪ ܡܢ ܠܫܢܐ ܐܘܪܓܢܘܢ ܠܡܪܗܛ ܡܬܟܠܝܐ: ܐܠܘ ܡܨܝܐ ܗܘܐ. ܠܫܢܐ ܕܝܢ ܡܩܕܡ ܠܡܚܫܒܬܐ.· ܕܐܝܢܐ ܗܟܝܠ ܗܝ ܥܠܬܐ ܗܕܐ: ܗܝ ܕܥܕܬܐ ܗܕܐ. ܠܐ ܒܠܚܘܕ ܠܐ ܕܠܐ ܢܟܠ ܠܗܝܡܢܘܬܐ ܬܪܝܨܬ ܫܘܒܚܐ ܡܘܕܝܐ: ܐܠܐ ܐܦ ܡܩܒܠܐ ܩܝܢܕܘܢܘܣ ܕܢܚܫ ܚܠܦܝܗ ܐܢ ܢܩܪܐ ܙܒܢܐ: ܘܐܝܟ ܒܪܬܐ ܫܪܝܪܬܐ ܡܦܨܝܐ ܠܗ ܕܡܘܬܐ ܐܡܗܝܬܐ: ܕܥܕܬܐ ܫܠܝܚܝܬܐ ܗܝ ܕܒܢܝܐ ܒܡܕܝܢܬܐ ܗܝ ܕܐܢܛܝܘܟܝܐ. ܐܝܟܢܐ ܗܟܝܠ ܠܐ ܒܟܠܗ ܩܠܐ ܐܫܐܠ ܫܠܡܗ: ܘܐܓܦܝܗ ܐܒܗܝܐܝܬ. ܐܦ ܓܝܪ ܐܦ ܠܐܒܗܬܐ ܡܫܡܠܝܐ ܒܡܝܬܪܘܬܐ. ܕܚܒܝܒܝܢ ܡܢ ܒܢܝܗܘܢ ܒܝܬܝܪܐܝܬ ܢܛܪܝܢ ܕܡܘܬܗܘܢ: ܠܗܢܘܢ ܕܝܠܕܘܢ ܡܫܘܕܥܝܢ ܕܡܫܬܘܝܢ ܕܗܢܘܢ ܕܝܠܕܘ ܐܢܘܢ. ܘܐܝܟ ܕܡܘܬܐ ܘܫܘܦܪܐ ܕܦܪܨܘܦܐ ܕܡܢܗ ܘܡܢܗ ܕܝܠܝܬܐ ܕܐܒܗܝܗܘܢ. ܡܢܐ ܗܟܝܠ ܐܝܬܘܗܝ ܕܝܠܝܬܐ ܕܥܕܬܐ ܫܠܝܚܝܬܐ ܗܝ ܕܒܐܢܛܝܘܟܝܐ. ܗܝ ܕܩܥܝܐ ܠܥܡܢܘܐܝܠ ܥܡ ܦܛܪܘܣ ܛܘܒܢܐ: ܐܢܬ ܗܘ ܡܫܝܚܐ ܒܪܗ ܕܐܠܗܐ ܚܝܐ: ܚܕ ܗܘ ܡܫܝܚܐ ܘܒܪܗ ܕܐܠܗܐ ܚܝܐ: ܗܘ ܗܘ ܐܠܗܐ. ܘܗܘ ܗܘ ܒܪܢܫܐ ܫܪܝܪܐ: ܘܠܐ ܐܚܪܢܐ ܘܐܚܪܢܐ ܐܝܟ ܗܢܘܢ ܕܟܠܩܝܕܘܢܝܐ ܕܦܠܓܘܗܝ ܒܥܩܡܘܬܐ ܠܬܪܬܝܢ ܟܝܢܐ ܒܬܪ ܚܘܝܕܐ ܕܠܐ ܡܬܡܠܠܢܘܬܐ. ܠܐ ܓܝܪ ܐܡܪ: ܐܢܬ ܗܘ ܡܫܝܚܐ: ܗܘ ܕܒܗ ܐܬܝܚܕܘ

m'enflamme et m'éveille. Mais la pensée se refuserait à avancer et à accourir sans l'organe de la langue, si c'était possible. La langue précède la pensée. Quelle est donc cette raison? C'est que cette église non seulement confesse sans fausseté la foi orthodoxe, mais accepte aussi le danger de souffrir pour elle si l'occasion se présente, et que, comme une vraie fille, elle sauve l'image maternelle de l'Église apostolique qui a été construite à Antioche. Comment donc ne la saluerais-je pas de toute ma voix et ne l'embrasserais-je pas paternellement? Elle est chère aussi aux pères qui perfectionnent dans la vertu et aiment ardemment ceux de leurs fils qui conservent particulièrement l'image de ceux qui les ont engendrés, qui leur ressemblent par la forme et la beauté de leur physionomie et qui possèdent le caractère de leurs pères. Quel est donc le caractère de l'Église apostolique établie à Antioche? Elle crie à Emmanuel avec saint Pierre[1] : « Tu es le Christ, le fils du Dieu vivant »; elle confesse un seul et même Christ et fils du Dieu vivant, le même Dieu et le même homme véritable, et non pas un et un autre, comme les Chalcédoniens l'ont divisé d'une manière perverse en une double nature après l'union inexprimable. Saint Pierre en effet n'a pas dit : Tu es le Christ dans lequel se

1. Matth., xvi, 16.

[Syriac text, lines 1–15, fol. 109 v° a]

trouve le Fils du Dieu vivant, de sorte que l'on comprenne un autre dans un autre, comme le veulent ceux qui le divisent. Mais il a confessé : Tu es le Christ et le Fils du Dieu vivant, *en se servant du mot « tu es » dans son sens général et ordinaire. Quant au nom du Christ, c'est celui qui convient à l'abnégation faite pour nous et il est humain. Il fut appelé Christ lorsqu'il fut devenu homme sans avoir éprouvé de changement, sans avoir éloigné de lui sa nature divine et sans qu'il eût besoin de le faire.

Il a été oint pour nous par l'huile mystique (?) comme le principe de notre race et le second Adam, et pour nous envoyer l'adoption de fils et la grâce qui s'opère par l'Esprit. Ces choses avaient été prédites par le prophète Isaïe qui dit pour leur temps[1] : « L'Esprit du Seigneur est sur moi, à cause duquel il m'a oint. » Il montre évidemment par ces paroles que le Christ a pris sur lui pour nous l'humilité et l'abaissement de l'abnégation, et le nom et l'œuvre. Il dit en effet « l'Esprit », lequel est en moi par nature, parce qu'il est de même essence et divinité. Il est venu sur moi, comme s'il était venu de l'extérieur et s'était posé par les flots du Jourdain comme une colombe, non pas comme s'il n'était pas en moi, mais parce que « il m'a oint ». Pourquoi donc

____
1. Isaïe, LXI, 1.

ܨܒܐ ܕܢܬܡܫܚ ܩܒܠ ܡܢ ܪܘܚܐ. ܡܛܠ ܚܢܢ ܕܚܣܝܢ ܕܐܠܗܐ ܗܘ ܒܦܘܩܕܢܐ ܕܐܡܪ. ܕܠܐ ܬܥܡܪ ܪܘܚܝ ܒܒܢܝܢܫܐ ܗܠܝܢ. ܡܛܠ ܕܒܣܪܐ ܐܢܘܢ܀

ܫܘܡܗܐ ܕܝܢ ܕܫܡܗ ܗܘ ܕܒܪܐ ܕܐܠܗܐ ܚܝܐ ܦܐܐ ܠܐܠܗܐ ܐܠܗܘܬܐ: ܘܠܡܠܬܐ ܦܐܐ ܗܘ ܕܐܬܝܠܕ ܩܕܡ ܥܠܡܝܢ ܐܠܗܐܝܬ ܡܢ ܐܒܐ. ܐܠܘ ܓܝܪ ܐܡܪ. ܐܢܬ ܐܝܬܝܟ ܒܪܐ ܕܐܠܗܐ. ܓܢܣܝܐܝܬ ܟܒܪ ܡܣܬܟܠ ܗܘܐ ܗܘ ܫܡܐ. ܘܠܐ ܕܝܠܢܝܐ ܕܝܠܗ ܘܕܝܠܢܝܐ ܠܚܘܕ ܠܗ. ܐܡܝܪܐ ܗܝ ܓܝܪ ܐܦ ܥܠ ܐܝܣܪܝܠ ܐܝܟ ܕܡܢ ܦܪܨܘܦܐ ܕܐܠܗܐ. ܒܪܝ ܒܘܟܪܝ ܐܝܣܪܝܠ. ܐܠܐ ܐܘܣܦ ܕܗܘ ܚܝܐ ܐܡܪ ܕܢܚܘܐ ܗܝ ܕܕܝܠܢܝܐ ܘܦܪܝܫܐ ܘܠܐ ܡܫܬܘܬܦܐ. ܟܕ ܓܝܪ ܐܬܒܩܝ ܒܗ ܫܡܥܘܢ ܒܢܗܝܪܘܬܐ ܦܫܝܛܬܐ: ܘܐܬܢܗܪ ܒܥܝܢܐ ܕܪܥܝܢܗ ܒܫܘܦܪܐ ܕܐܠܗܘܬܐ ܗܘ ܡܢܗܪ ܢܗܝܪܐ. ܘܩܒܠ ܚܙܘܐ ܠܗ ܡܢ ܒܣܪܐ ܘܕܡܐ. ܐܠܐ ܗܘ ܕܡܢ ܠܥܠ. ܐܫܟܚܗ ܚܝܐ ܡܢ ܚܝܐ ܐܒܐ. ܘܡܢ ܢܘܗܪܐ ܫܪܝܪܐ ܢܘܗܪܐ ܫܪܝܪܐ. ܘܟܕ ܐܬܕܡܪ ܘܗܘܐ. ܘܡܠܐ ܡܢ ܪܘܚܐ ܐܪܝܡ: ܐܢܬ ܐܝܬܝܟ ܡܫܝܚܐ ܗܘ * ܒܪܗ ܕܐܠܗܐ ܗܘ ܚܝܐ. ܗܘ ܕܡܬܡܟܟ ܡܛܠܬܝ ܘܪܡ ܡܛܠ ܡܬܥܠܝܘܬܐ ܕܟܝܢܐ ܗܘ ܕܠܥܠ. ܗܘ ܕܚܕ ܡܢ ܬܪܝܢ ܠܐ ܒܚܠܝܛܘܬܐ. ܡܢ ܐܠܗܘܬܐ ܟܝܬ ܘܡܢ ܐܢܫܘܬܐ ܒܚܕ ܦܪܨܘܦܐ ܘܒܚܕ ܩܢܘܡܐ: ܐܦ ܐܝܬܘܗܝ ܐܦ ܡܬܝܕܥ. ܚܕ ܓܝܪ ܐܝܬܘܗܝ * fol. 109 v° b.

a-t-il voulu et accepté d'être oint? Si ce n'est pour nous qui étions privés de l'Esprit, à cause de ce décret ancien de Dieu qui avait dit[1] : « Mon Esprit n'habitera pas dans ces hommes parce qu'ils sont chair. »

L'appellation de « fils du Dieu vivant » convient à Dieu, et au Verbe convient celle de « qui a été engendré avant les mondes divinement du Père ». Car s'il avait dit : Tu es le fils de Dieu, on comprendrait peut-être cette appellation d'une manière générale et non comme propre à lui et lui appartenant particulièrement. Elle est dite en effet d'Israël comme représentant la personne de Dieu : « Mon fils premier-né, Israël[2]. » Mais il ajouta « vivant » pour montrer qu'elle est propre et spéciale, et non pas partagée. Lorsque saint Pierre l'eut considéré en pleine clarté, qu'il fut illuminé dans la vue de son esprit par la beauté si splendide de la divinité et qu'il eut reçu une vision non pas de la chair et du sang, mais une vision d'en haut[3], il trouva qu'il était la vie de la Vie, du Père, et la vraie lumière de la vraie Lumière. Émerveillé et plein de l'Esprit, il s'écria[4] : « Tu es le Christ, * le fils du Dieu vivant », qui s'est fait humble pour moi et qui est élevé à cause de la sublimité de la nature d'en haut; qui est un de deux sans confusion, à savoir de la divinité et de l'humanité, dans une seule personne et une seule hypostase; tel il est et il est connu. Une doit être * fol. 109 v° b.

1 Gen., VI, 3. — 2. Ex., IV, 22. — 3. Cf. Matth., XVI, 17. — 4. Matth., XVI, 16; voir ci-dessus, p. 77.

ܡܛܠ ܗܕܐ ... ܕܡܠܬܐ. ܘܕܡܚܝܕ ܚܢܢ ... ܕܚܝܡܘܬܐ ...

[Texte syriaque]

confessée la nature du Verbe et de celui qui s'est incarné dans une chair
de même essence que la nôtre, qui possède une âme douée de raison.

Cette belle confession orthodoxe qui se trouve naturellement dans la
personne de la mère des églises orientales, je vois qu'elle brille aussi dans
la physionomie de cette église comme dans une véritable fille. Et lorsque
j'examine avec soin, je la trouve telle que dit l'Apôtre[1] : « Il n'y a en elle
ni souillure, ni ride, ni quoi que ce soit de semblable; mais elle est sainte et
sans tache . » Elle n'est pas d'une beauté empruntée au fard dont on s'en-
duit la figure comme font les prostituées, c'est-à-dire de l'imagination
instable, athée et rêveuse d'Eutychès. Elle n'altère pas non plus sa beauté
(εὐπρέπεια) maternelle par l'obscurité du culte de l'homme nestorien, encore
moins par la turpitude et l'horreur judaïque, je veux dire par la dualité
des natures. C'est pourquoi elle est accourue avec joie vers moi comme vers
un père; elle est venue à ma rencontre, se portant en foule hors des portes
de la ville, ayant confiance que je n'avais rien changé à la beauté familiale.
Aussi, montrant par ses œuvres une vertu digne de la foi, alors que je ne
suis pas un prophète, mais un pécheur et un homme faible, m'a-t-elle
accueilli comme un prophète, s'attendant à recevoir le salaire du prophète,

1. Éphés., v, 27.

* fol. 110
r° a.

à cause de Celui qui a promis sans mensonge et a dit[1] : « Celui qui accueille
un prophète au nom de prophète recevra le salaire du prophète. » Comme
ceux qui autrefois saluaient Samuel en l'accueillant, elle aussi s'est écriée :
Paix est ta venue, ô voyant! C'est pourquoi nous aussi, en lui payant des
paroles évangéliques selon le commandement de notre Sauveur, nous
disons : Paix à cette demeure! Et comme elle est la demeure de celui qui
en est digne, que notre paix vienne sur elle particulièrement, et qu'elle reste
stable, sans changer. Elle s'est manifestée en vérité * parce qu'elle m'a reçu,
moi qui ne suis rien, comme un ange de Dieu, bien plus comme le Christ
même lorsqu'il était assis sur un ânon, et elle n'a pas méprisé ni repoussé,
comme dit saint Paul en écrivant aux Galates[2].

* fol. 110
r° a

Le Christ aussi qui se tient à la porte, elle le nourrit alors qu'il est
dans le besoin; elle le fait entrer sous le toit alors qu'il est étranger; lorsqu'il est nu, elle l'habille; lorsqu'il est opprimé par la maladie ou dans une
prison, elle le visite. C'est pourquoi nous disons encore : Que notre paix
vienne sur elle par la grâce de Celui qui a dit[3] : « Je vous donne ma paix,
je vous laisse ma paix. » En l'entourant de cette paix comme d'un mur

1. Matth., x, 41. — 2. Gal., IV, 14. — 3. Jean, XIV, 27.

ܒܗ̇: ܕܠܐ ܗܘܢܟܐ ܢܛܪܝܗ̇: ܟܕ ܡܥܕܪܐ ܠܗ̇ ܡܢ ܟܠܗ ܣܢܐܬܐ ܕܐܟܠ ܩܪ̈ܨܐ: ܘܢܚܘܝܗ̇ ܕܡܬܩܪܝܐ ܒܥܒܕܗ̇ ܐܘ ܟܝܬ ܢܚܫܬܐ ܒܗܘܢ ܒܥܒ̈ܕܝܗ̇: ܘܕܠܐ ܡܟܕܒܐ ܠܗ̇ ܠܫܘܡܗܐ: ܒܗ̇ ܕܨܡܚܐ ܡܢ ܘܡܒܪܩܐ: ܡܬܚܝܠܬܐ ܘܡܚܣܢܬܐ ܬܗܘܐ ܐܝܟ ܒܕܟܝܘܬܐ ܕܗܝܡܢܘܬܐ ܬܪܝܨܬܐ: ܠܚܘܠܕܐ ܕܝܢ ܘܬܕܚܐ ܠܟܠ ܚܘܠܕܐ ܕܥܘܠܐ ܗܪܛܝܩܝܬܐ. ܟܕ ܐܡܪ ܠܗ̇ܝ. ܗܠܝܢ ܕܩܕܡ ܠܗ̇ ܐܪܡܝܐ ܢܒܝܐ ܐܡܪ. ܗܐ ܫܡܬܟܝ ܝܘܡܢܐ ܒܡܕܝܢܬܐ ܕܚܣܝܢܐ. ܐܝܟ ܡܕܝܢܬܐ ܡܚܣܢܬܐ ܘܐܝܟ ܫܘܪܐ ܚܣܝܢܐ ܕܢܚܫܐ: ܘܢܐܡܪ ܟܠܗ ܥܡܐ ܐܡܝܢ ܐܡܝܢ. ܘܢܬܠ ܚܠܦ ܗܠܝܢ ܠܝ ܒܢܘܒܬܐ ܥܡܐ ܗܢܐ ܙܘܕܐ. ܨܠܘ̈ܬܐ ܕܟܗܢܘܬܐ: ܢܣܩ ܕܝܢ ܫܘܒܚܐ ܠܡܦܪܢܣܢܐ ܕܟܠܗܝܢ ܛܒ̈ܬܐ ܗܘ ܕܠܗ ܦܐܝܐ ܠܡܫܒܚܘܬܐ ܘܐܘܚܕܢܐ ܠܥܠܡܝܢ ܐܡܝܢ܀

puissant, qu'il la garde de tout dommage; qu'il la sauve de la haine du Calomniateur; et qu'il montre qu'elle a été appelée par les faits mêmes Chalcis, c'est-à-dire d'airain; que cette appellation n'est pas mensongère parce qu'elle brille et resplendit. Qu'elle soit fortifiée et puissante par la pureté de la foi orthodoxe. Qu'elle rejette et repousse la rouille de la perversité hérétique. Lorsque je lui dirai ce que Dieu a dit autrefois au prophète Jérémie[1] : « Voici que je t'ai établie aujourd'hui comme une ville forte et comme un mur puissant d'airain », que tout le peuple réponde : Amen, amen! Et qu'en échange ce peuple me donne à son tour, comme viatique, ses prières sacerdotales. Qu'il fasse monter la gloire au dispensateur de tous les biens, auquel appartiennent la gloire et le pouvoir pour toujours[2]. Amen!

1. Jérémie, I, 18. — 2. Cf. Ép. de S. Jude, 25, et la fin de l'homélie LV.

HOMÉLIE LVII

AU SUJET DE CE QU'IL FUT RETENU PAR LES FIDÈLES DE KINNESRIN POUR LA COM-
MÉMORATION DU SAINT MARTYR SERGIUS; ET AU SUJET DE CE MARTYR ET DE
BACCHUS QUI EN MÊME TEMPS QUE LUI TRIOMPHA DANS LE COMBAT.

Ceux qui font aux étrangers un accueil affectueux et amical, réunissant
tout ce qu'il y a de plus beau et de meilleur en aliments et en mets, prennent
occasion d'un repas et d'un festin pour recevoir ceux qui sont venus chez
eux. Ainsi agit Abraham lorsqu'il accueillit les trois anges, ou plutôt * Dieu
lui-même qui apparut sous la forme d'anges et sous l'apparence d'hommes,
et qui en figure et en symbole faisait connaître une seule essence et divinité
en trois personnes. C'est ce que montre le Livre sacerdotal en disant[1] :
« Dieu lui apparut près du chêne de Mamré », et il ajoute ensuite[2] : « Ayant
levé les yeux, il vit et voici que trois hommes se tenaient devant lui. » Il
courut vers eux trois en parlant aux trois comme à un seul : « Les voyant,
dit le Livre, il courut à leur rencontre en sortant par la porte de sa tente;

____

1. Gen., XVIII, 1. — 2. *Ibid.*, XVIII, 2.

il s'inclina à terre et dit : Seigneur, si certes j'ai trouvé grâce devant toi,
ne passe pas devant ton serviteur. » Aussitôt, après avoir changé la forme
du discours, il adressait de nouveau la parole aux trois en disant : « Qu'on
prenne de l'eau et qu'on lave vos pieds. » En allant à la rencontre, il adressait
évidemment ces paroles à Dieu, le Seigneur de tous, et il recevait de Dieu
les réponses. Mais ce qui m'a engagé à prendre la parole, c'est que cet ami
des étrangers ordonnait avec empressement à Sara de préparer le pain,
tandis que lui-même, comme c'était son souci, se hâtait vers le bétail sans
donner d'ordres à un autre, alors qu'il avait trois cent dix-huit esclaves nés
à la maison[1] et d'autres achetés pour de l'argent. Ayant choisi un veau
tendre et excellent, il le remit à un serviteur et lui ordonna de le préparer
vivement pour le repas.

Vous aussi, vous avez agi comme Abraham, en accueillant la venue de
ma vile personne et en réunissant de toute part des mets spirituels qui puis-
sent nourrir l'âme d'une manière intelligente. Vous avez préparé la table
abondante par des services de psaumes, par des prières, par une assiduité
constante à l'église, par une communion à la table mystique. Enfin, nous

1. Cf. Genèse, XIV, 14.

ܘܡܚܝܕܢܐ ܟܕ ܠܡܬܦܢܝܘ ܠܢ ܘܐܣܬܪܗܒܬ ܠܐ ܫܒܩܬܘܢ ܠܢ: ܠܡܬܦܢܝܘ ܠܡܥܡܪܢ: ܐܠܐ ܐܢ ܐܦ ܠܗܕܐ ܫܪܘܬܐ ܕܚܕܘܬܐ ܢܫܬܘܬܦ ܘܢܚܕܐ ܥܡܟܘܢ ܘܢܥܒܕ ܐܟܚܕܐ ܥܡܟܘܢ ܠܕܘܟܪܢܗܘܢ ܕܐܬܠܝܛܘܬܐ ܕܣܪܓܝܣ * ܣܗܕܐ. ܐܝܟܢܐ ܗܟܝܠ ܐܗܘܐ ܡܩܒܠ ܐܢܐ ܠܩܪܝܬܐ ܕܫܪܘܬܐ ܕܗܟܢܐ ܐܝܬܝܗ ܢܨܝܚܬܐ ܘܥܐܕܐ ܕܗܢܐ ܩܕܝܫܐ ܬܡܝܗܐ. ܐܢ ܟܕ ܫܬܝܩ ܐܢܐ ܘܐܦܠܐ ܡܕܡ ܦܬܓܡܐ ܐܝܬ ܠܩܪܘܝܝ ܕܡܫܡܠܝܢ: ܡܢ ܕܡܫܡܠܝܢ ܕܗܕܪܐ ܘܢܨܚܬܐ ܡܫܡܠܝܢ ܠܗ ܠܥܐܕܐ. ܘܐܝܟܢܐ ܠܗ ܐܝܟ ܗܢܘܢ ܐܟܠܐ ܕܡܢ ܙܠܝܠܐ ܐܗܘܐ ܐܟܠܐ: ܡܬܠܟܠܝܢ ܕܝܢ ܐܝܟ ܗܢܘܢ ܠܐ ܒܢܝ ܚܐܪܐ ܢܩܦܝܢ ܠܦܬܘܪ̈ܐ: ܗܢܘܢ ܕܟܪܣܐ ܒܠܚܘܕ ܡܬܚܫܒܝܢ ܠܡܡܠܝܘ ܘܠܒܪ ܡܢ ܣܒܥܐ. ܠܐ ܕܝܢ ܡܡܬܘܡ ܠܥܠ ܚܘܪܝܗܘܢ ܠܘܬ ܫܡܝܐ: ܡܫܒܚܝܢ ܠܗܘ ܕܝܗܒ ܠܡܩܝܡܘܬܐ ܕܚܝܐ ܕܝܠܢ ܠܬܘܪ̈ܣܝܐ ܗܢܘܢ ܕܚܫܚܝܢ ܘܦܐܝܢ ܒܟܠܗ ܗܕܐ ܫܘܚܠܦܐ ܘܫܘܚܠܦܘܬܐ. ܟܒܪ ܕܝܢ ܐܦܠܐ ܟܕ ܨܒܐ ܐܢܐ ܠܡܫܬܩܘ: ܡܫܒܩܐ ܠܝ ܗܘ ܢܨܝܚܘܬܐ ܕܐܬܠܝܛܘܬܗ ܕܣܗܕܐ܀ * fol. 110 v° a.

ܠܗܢܐ ܕܬܘܒ ܕܝܢ ܡܬܕܟܪ ܠܗ ܒܥܘܗܕܢܐ ܠܙܒܢܐ ܕܣܗܕܘܬܗ ܡܣܬܒܪ ܐܢܐ ܕܚܙܐ ܐܢܐ ܠܗ. ܟܕ ܩܐܡ ܩܕܡ ܡܟܣܝܡܝܢܘܣ ܛܪܘܢܐ: ܥܡ ܒܟܘܣ ܒܪ ܬܫܡܫܬܗ ܘܫܘܐ ܒܐܬܠܝܛܘܬܐ. ܛܪܘܢܐ ܗܘ ܢܡܘܣ ܟܠ ܦܬܓܡܐ ܕܠܘܩܒܠ ܕܚܠܬ ܐܠܗܐ ܫܦܝܪ ܢܡܘܣܐ: ܐܦܢ ܘܠܐ ܗܘܐ ܢܡܘܣܐܝܬ ܐܬܬܣܝܡ. ܥܡ ܒܟܘܣ ܕܝܢ ܐܡܪܬ: ܡܛܠ

retenant, vous n'avez nullement permis que nous retournions à notre demeure avant de prendre part à ce festin joyeux, de nous réjouir avec vous et de célébrer en même temps que vous la commémoration des combats de Sergius * le martyr. Comment donc répondrai-je à cette invitation au festin si solennel * fol. 110 v° a. et à la fête de ce saint si admirable? Est-ce en restant silencieux, sans que j'apporte à ceux qui m'ont invité quelques paroles qui complètent la fête et y ajoutent de l'éclat et de la solennité, afin de ne pas ressembler aux convives gourmands, bien plus à ces parasites ignobles qui s'attachent aux tables et n'ont d'autre préoccupation que de remplir leur ventre au delà de la satiété? Jamais ceux-là n'élèvent leur regard vers les cieux ni ne louent Celui qui a donné pour le maintien de notre existence ces aliments utiles et convenables avec une si grande variété et diversité. Peut-être aussi, si je voulais me taire, cette splendeur des combats du martyr ne me le permettrait pas.

Celui qui est rappelé de nouveau par le souvenir à l'époque de son martyre, il me semble le voir se tenir devant le tyran Maximien avec Bacchus qui avait le même service et l'égala dans le combat. Le tyran érige en loi tout dessein contre la religion (εὐσέβεια), quoique la loi doive être établie légalement (?). J'ai dit : « avec Bacchus », parce que nous ne devons pas dans le discours sé-

ܡܛܠ ܕܠܐ ܢܦܪܘܫ ܕܣܘܥܪܢܐ ܠܚܕ̈ܐ ܐܢܘܢ ܡܢ ܚܕ̈ܕܐ: ܠܗܢܘܢ ܕܟܠܝܠܐ ܕܣܗܕܘܬܐ ܠܚܕܐ ܐܢܘܢ ܐܟܢܫ. ܫܘܝܐ ܓܝܪ ܐܝܬܝܗܘܢ ܗܘܘ ܒܩܘܡܬܐ. ܒܚܙܘܐ ܒܪܒܘܬܐ. ܒܥܠܝܡܘܬܐ ܒܦܓܪܐ. ܝܬܝܪ ܒܥܠܝܡܘܬܐ ܕܬܪܥܝܬܐ. ܘܡܫܡܫܝܢ ܗܘܘ ܗܘܘ: ܘܒܛܟܣܐ ܕܦܪ̈ܫܐ ܕܚܕܪܝܢ ܠܡܠܟܐ ܡܬܡܢܝܢ ܗܘܘ. ܘܫܘܒܚܐ ܕܝܢ ܩܕܡܝܐ ܐܚܝܕܝܢ ܗܘܘ: ܘܕܪܓܐ ܗܘ ܕܪܒܘܬܐ ܐܚܝܕܝܢ ܗܘܘ. ܐܝܟܢܐ ܕܣܪܓܝܣ ܢܗܘܐ ܒܪܫܐ. ܒܟܘܣ ܕܝܢ ܒܬܪܗ ܕܠܗ. ܐܦ ܬܪ̈ܝܗܘܢ ܕܝܢ ܒܚܕ ܪܘܚܐ ܕܚܣܝܕܘܬܐ ܘܕܚܠܬ ܐܠܗܐ ܡܫܬܘܝܢ ܗܘܘ: ܡܫܝ̈ܚܝܐ ܡܬܩܪܝܢ ܘܐܝܬܝܗܘܢ ܗܘܘ: ܘܚܕ ܗܘܐ ܠܗܘܢ ܐܓܘܢܐ ܕܥܠ ܫܪܪܐ ܐܬܟܬܫܘ.

ܐܢܫܝܢ ܓܝܪ ܕܝܢ ܟܬܒܘ ܠܘܬ ܡܠܟܐ ܥܠܝܗܘܢ ܒܕܐܟܠܝܢ. ܘܡܟܣܝܢ ܕܠܐ ܡܕܒܚܝܢ ܗܘܘ ܘܡܢܣܟܝܢ ܠܫܐܕ̈ܐ. ܐܝܟ ܕܒܗܘܢ ܡܢ ܡܪ̈ܥܝܬܐ ܣܢܝ̈ܬܐ ܘܡܫܟܚܝܢ ܗܘܘ ܘܡܫܓܫܝܢ. ܠܚܡܬܗ ܕܡܠܟܐ ܕܗܘ ܕܡܝܟ ܗܘܐ. ܟܕ ܐܡܪܝܢ ܗܘܘ ܥܠܝܗܘܢ ܕܡܢ ܐܘܝܘܬܗ ܗܘ. ܐܬܘ ܠܗܕܐ ܡܪ̈ܚܘܬܐ. ܠܘܩܕܡ ܡܢ ܗܘ ܡܠܟܐ ܠܐ ܡܗܝܡܢ: ܒܬܪܟܢ * ܕܝܢ ܠܒܝܬ

fol. 110 v° b.

ܦܬܟܪܐ ܕܙܘܣ ܐܠܗܐ ܛܢܦܐ ܘܕܫܡܗ ܕܓܠܐ ܐܝܬܘܗܝ: ܡܢ ܕܒܚ̈ܐ ܡܛܫܫܐ ܥܡ ܡܫܡܫܢ̈ܘܗܝ ܕܗܘܐ ܐܟܠ: ܘܢܣܝ ܕܢܦܝܣ ܠܗܠܝܢ ܓܢ̈ܒܪܐ ܛܢܦܬܐ ܐܦ ܠܡܐܟܘܠܬܐ ܗܝ: ܫܡܥ ܗܘܐ ܕܠܐ ܙܕܩ ܠܡܕܒܚܘ ܠܨܠܡ̈ܐ ܕܠܐ ܢܦܫܐ. ܘܠܨܠ̈ܡܐ ܕܫܐ̈ܕܐ ܒܝ̈ܫܐ: ܗܢܘܢ ܕܦܘܡܐ ܐܝܬ ܠܗܘܢ ܘܠܐ ܡܡܠܠܝܢ: ܘܥܝܢ̈ܝܗܘܢ ܠܐ

parer l'un de l'autre ceux que la couronne du martyre a réunis ensemble. Ils étaient semblables par la taille, par la physionomie, par la grandeur. Ils étaient jeunes de corps, encore plus jeunes d'esprit. Ils servaient et étaient comptés au rang des guerriers qui entouraient le roi. Ils occupaient la première place et avaient le grade de commandant, Sergius en tête et Bacchus en second; tous deux étaient d'accord dans un même esprit de piété (εὐσέβεια). Ils étaient dits chrétiens, et ils l'étaient. Ils soutinrent le même combat pour la vérité.

Certains individus écrivirent contre eux au roi en les accusant et en les inculpant, comme de fautes affreuses, de ne faire ni sacrifices ni libations aux démons. Ils enflammèrent la colère de celui-ci qui y était enclin, en disant d'eux : C'est grâce à son amitié qu'ils en sont venus à une pareille licence. Au

fol. 110 v° b.

commencement le roi n'en croyait rien; ensuite * il les conduisit au temple de Zeus, le dieu impur et au nom mensonger. Il mangea avec ses ministres des sacrifices souillés et il essaya d'exciter aussi ces vaillants à cette nourriture souillée. Il les entendait dire qu'on ne doit pas sacrifier à des idoles inanimées et aux images des démons méchants « qui ont une bouche et ne parle-

ront pas, qui n'entendront pas de leurs oreilles », et autres choses semblables
par lesquelles le Prophète des Psaumes[1] se moqua de leur insensibilité et de
leur immobilité. Enflammé et bouillonnant d'un mouvement de colère et d'orgueil, il ordonna de couper leur ceinture et d'enlever de leur cou l'ornement
d'or qu'il est d'usage d'attacher aux guerriers qui approchent les rois. Ils devaient être conduits dans le marché habillés de tuniques de femmes. Mais à cet
égard ils savaient s'opposer à lui en disant par leurs actes mêmes, ces confesseurs invincibles de toute part, qui avaient appris à ruser avec le fourbe,
comme dit David[2], et à faire tourner au mieux les stratagèmes du Calomniateur et de ses instruments : « O toi qui luttes avec Dieu, penses-tu par une
forme féminine énerver nos vaillantes âmes? Tu peux faire revêtir de force
aux corps un vêtement de femme, mais tu n'habilleras pas de lâcheté notre
esprit sain et ferme. Nous te montrerons par les faits que nous tenons pour
véridique le précepte et le commandement que Dieu a prononcé par l'intermédiaire de Moïse[3] : « Qu'un homme ne revêtisse pas un vêtement de femme. »
Si en effet le sexe féminin n'est pas un empêchement pour la plupart des
femmes de sortir avec un esprit mâle vers les combats pour la religion (εὐσέβεια)
et de ceindre la couronne de la victoire remportée sur le Calomniateur,

1. Ps. cxxxiv, 16-17. — 2. Cf. Ps. xvii, 27, Septante. — 3. Deut. xxii, 5.

comment cette tunique nous changerait-elle, ô être ridicule? Ne vois-tu pas
qu'elle se détache de notre corps qui s'avance vigoureusement et qu'elle ne
veut pas y adhérer? Et lui, il la repousse complètement comme ne lui étant
pas familière. Mais nous sommes tout à fait loin d'en être endommagés, nous
qui nous élevons vers une pensée sublime, et qui tout à coup en un instant
*imitons très bien notre Seigneur et Sauveur Jésus-Christ. De même que,
lorsqu'il fut couronné d'épines par les Juifs athées qui se moquaient de lui,
celui-ci annonça au préalable, comme par un symbole, le mystère profond et
caché, par lequel il prit sur sa tête, à l'instar d'un agneau, le péché du monde,
et effaça complètement ce péché qui avait fait pousser pour nous des épines
et des ronces, ainsi nous aussi, par un patient courage dans le combat du
martyre, nous émousserons et nous mépriserons la mollesse et la peur dans ces
tuniques de femmes. Car le Christ exercera maintenant encore la puissance
de Dieu le Père par de semblables phénomènes particuliers. »

Pendant que ces athlètes méditaient et disaient ces paroles et d'autres du
même genre, et qu'ils étaient conduits au milieu de la ville, le tyran les appelant subitement près de lui, se mit à les ramener de leur erreur, comme s'ils
s'étaient trompés, à rire et à se moquer du grand mystère de la religion. Il

dit : « Quel besoin avez-vous, ô insensés, d'adorer ce fils du charpentier qui
naquit d'une vierge souillée par la fornication avant le festin légal (nuptial)?
Lui que les Juifs, parce qu'il transgressait la loi et excitait des troubles dans
leur peuple, condamnèrent au supplice de la croix. »

5 A ces mots, les saints, aiguisant par les prières leur langue qui parlait
d'une manière divine, dirent : « Ce n'est pas comme vos dieux ridicules qui
étaient des hommes misérables et débauchés, sortis d'unions illégales et de
l'adultère, que naquit le Christ. Mais, parce qu'il est Dieu, il est véritablement
le fils du charpentier; il est de Dieu le Père par son Verbe et sa Sagesse, il
10 est la vie en personne, et il a été engendré de lui avant les mondes sans corps
et sans passibilité. Il nous a fabriqués [1] pour le ciel et la terre. Toute créa-
ture supérieure du ciel sous forme d'anges, alors qu'elle n'existait pas, il lui a
donné l'être. Il a voulu devenir homme sans changer (de nature) et volontairement à cause de nous qui étions perdus (par le péché). Il a été engendré par le
15 Saint-Esprit sans passibilité et sans peccabilité d'une mère vierge. En subissant [*] dans la chair et volontairement la mort sur la croix, il a fait connaître
qu'il avait subi cette mort non pour lui mais pour nous-mêmes, alors qu'il est

* fol. 111
r° b.

1. Il semble y avoir ici un jeu de mots entre τέκτων « charpentier » et τεκταίνω « fabriquer, créer »,
que le traducteur syriaque a cherché à rendre.

ܐܠܐ ܡܫܬܒܚܢ ܕܡܢ ܫܒܝܠܗ ܠܥܘܠܐ: ܒ ܠܬܠܬܐ ܝܘܡܝܢ ܩܡ ܡܢ ܡܝܬܐ. ܘܫܪܐ ܠܐܣܘܪܐ ܗܢܘܢ ܕܫܝܘܠ ܘܬܚܘܝܬܐ ܗܕܐ ܡܢ ܗܝ ܕܦܓܪܐ ܣܓܝܐܐ ܕܩܕܝܫܐ ܕܩܒܝܪܝܢ ܗܘܘ ܩܡܘ: ܘܠܡܕܝܢܬܐ ܩܕܝܫܬܐ ܪܗܛܘ ܠܘܬܗ܀

ܠܘܬ ܗܠܝܢ ܕܝܢ: ܐܝܟ ܚܪܫܐ ܘܕܠܐ ܩܠܐ ܦܫ ܗܘ ܛܪܘܢܐ: ܡܛܠ ܬܐܘܠܘܓܝܐ ܗܝ ܒܪܢܐ ܡܚܝܩ ܐܝܟ ܕܒܪ ܡܬܕܘܕ: ܘܡܫܪܝܐ ܗܘܐ ܟܠܗ ܗܘ ܡܟܠ ܕܢܥܒܕ: ܐܠܐ ܐܙܕܟܝ ܡܢ ܡܬܢܨܚܢܘܬܗܘܢ: ܠܘܬ ܐܬܪܐ ܗܘ ܕܒܡܨܥܬ ܢܗܪܝܢ ܕܢܬܕܒܪܘܢ ܗܠܝܢ ܦܩܕ ܗܘܐ: ܗܘ ܕܐܘܦܪܐܛܣܝܐ ܩܪܝܢ ܠܗ ܒܢܝ ܐܬܪܐ ܗܘ. ܘܢܫܬܠܡܘܢ ܠܐܢܛܝܘܟܘܣ ܗܘ ܕܐܣܛܪܛܠܛܣ ܗܘܐ ܕܦܠܚܐ ܕܬܡܢ ܗܢܘܢ ܕܠܡܕܒܪܢܘܬܐ. ܗܘ ܕܗܢܘܢ ܙܡܢܘܗܝ ܗܘܘ ܠܗ ܠܪܝܫܢܘܬܐ: ܐܦ ܠܗܘܐ ܣܒܪ ܥܘܠܐ ܗܘܐ ܗܘ ܦܘܩܕܢܐ ܠܒܗܬܬܐ ܘܠܫܝܛܘܬܗܘܢ ܦܩܝܕܐ: ܡܢ ܟܠ ܗܘ ܕܐܦܫܪ ܗܘܐ ܘܙܕܩ ܗܘܐ ܠܐܢܛܝܘܟܘܣ ܥܒܕ ܗܘܐ ܗܘ ܐܢܛܝܘܟܘܣ ܒܥܐ ܗܘܐ ܠܗܘܢ ܘܡܒܚܢ ܗܘܐ ܕܘܒܪܗܘܢ ܒܫܐܠܬܐ ܘܒܢܣܝܢܐ. ܟܕ ܚܙܐ ܕܠܐ ܡܬܦܢܝܢ ܐܝܬ ܠܗܘܢ· ܠܐܠܗܝܐ ܦܩܕ ܣܪܓܝܣ. ܕܢܬܚܒܫ ܒܥܓܠ ܒܒܝܬ ܚܒܘܫܝܐ ܦܩܕ ܗܘܐ. ܠܛܘܒܢܐ ܕܝܢ ܒܟܘܣ· ܕܒܓܝܕܐ ܕܬܘܪܐ ܢܬܢܓܕ ܥܠ ܟܪܣܗ ܦܩܕ: ܡܢ ܒܬܪ ܡܚܘܬܐ ܗܠܝܢ ܕܥܠ ܚܨܗ: ܒܗܠܝܢ ܕܝܢ ܣܓܝܐܬܐ ܐܣܬܝܒܪ ܗܘܐ: ܘܐܝܟ ܕܒܡܐܡܪ: ܠܐ ܡܬܡܢܝܢܝܬܐ ܟܕ ܣܝܒܪ: ܘܠܐ ܐܬܒܛܠ

ressuscité d'entre les morts le troisième jour. Il a délié les liens de l'enfer, et la preuve résulte de ce fait que beaucoup de corps de saints qui étaient enterrés se levèrent et s'empressèrent de se rendre à la ville sainte. »

A ces paroles, le tyran demeura comme muet et sans voix, et par cette théologie il fut en quelque sorte pris de vertige et frappé de paralysie. Il ne savait que faire, mais il était vaincu par leur courage. Il ordonna que ceux-ci fussent conduits vers une contrée de la Mésopotamie que les habitants de l'endroit appellent Euphratésie, et qu'ils fussent livrés à Antiochus qui était le chef des troupes servant dans ce pays et qui avait été appelé par elles à prendre le commandement. Ce roi impie pensait que cet ordre tournerait à leur honte et à leur mépris. Antiochus, se conformant à l'ordre reçu autant que possible et comme il le fallait, les interrogeait et examinait leur conduite au moyen de questions et d'épreuves. Lorsqu'il vit qu'ils étaient inflexibles, il donna l'ordre de mettre aussitôt en prison le divin Sergius. Quant au bienheureux Bacchus, il ordonna de le frapper sur le ventre avec des nerfs de bœuf et de lui appliquer ensuite les mêmes coups sur le dos. Après avoir supporté ces coups nombreux, et pour ainsi dire innombrables, sans faiblir dans son esprit et sans que sa langue laissât échapper une parole faible et lâche, le martyr confia son âme couronnée au Christ, l'auteur du

* fol. 111
v° a.

---

combat, tandis que son corps était jeté dans le désert. Ce corps fut gardé
miraculeusement par les bêtes féroces sans subir de dommage jusqu'à ce que
quelques-uns de ceux qui ont l'habitude de pratiquer la miséricorde divine et
quelques Frères chastes l'eussent enveloppé dans un linceul et l'eussent livré
à la tombe.

Mais Sergius fut amené à des luttes plus sublimes, lorsque Bacchus lui
apparut pendant la nuit, l'appelant aux demeures des bienheureux et lui
inspirant un courage inexprimable et de la joie. Ce juge dur et très * cruel * fol. 111
v° a.
imagina pour lui un genre de supplice amer et difficile à supporter. Il fit préparer des souliers cloués avec des clous pointus dans lesquels il ordonna
de mettre ses pieds et de le faire courir devant son char, pendant qu'il le
chassait d'un fort vers un autre fort voisin qui était éloigné de neuf milles.
Sergius faisait cela avec allégresse en disant suivant les instructions de l'A-
pôtre : « Je chausserai et je lierai mes pieds dans la préparation de l'Évangile de paix[1]. C'est beaucoup pour moi de ressembler aux pieds du Christ
notre Sauveur qui furent transpercés à cause de moi. Je gémis encore à cause
du manque de ressemblance des clous, parce que mes mains aussi n'ont pas
été clouées comme le furent les siennes. » Après s'être fortifié par ces paroles

1. Cf. Éphés., VI, 15.

de piété sur lesquelles il s'appuyait avec confiance et fortement comme sur un bâton, ce martyr s'avança et accomplit sa course dans la voie qui lui avait été tracée de cette manière. Dans la nuit, la plante de ses pieds qui avait été lésée à ce point par les piqûres des clous, nombreuses et d'autant plus douloureuses qu'elles étaient étroites et aiguës, fut guérie par la grâce de Dieu.

Cependant ce chef qui avait moins de pitié et de compassion qu'une bête féroce, alors qu'il aurait dû être converti par ce miracle, augmenta sa sottise. Il ordonna que le voyageur vertueux et diligent courût avec les mêmes chaussures, de la même manière, la même étendue de chemin. Celui-là avait parlé. Celui-ci n'hésita nullement; il s'empressa d'obéir en disant : « Je courrai maintenant encore comme devant l'autel du Christ. Non pas « l'illégalité[1] », suivant la parole du Psalmiste, mais la justice de mon talon m'entourera. J'aurais été lâche, si j'avais pensé que je marchais sur la terre et non pas dans la voie qui conduit au ciel. »

Après avoir terminé sa course, comme saint Paul, et gardé sa foi, il eut la tête tranchée. Telle fut la fin de ses combats. Dans un endroit appelé dans

1. Ps. XLVIII, 6, Septante.

ܕܐܬܪܐ: ܠܚܢܢܐ ܡܝܩܪܐ ܕܦܓܪܗ ܐܘܬܒ. ܗܘ ܡܣܥܪܐ ܪ̈ܒܘ ܐܬܘ̈ܬܐ ܘܐܣܘ̈ܬܐ: ܟܕ ܠܟܠܗ̇ ܐܘܪܚܐ ܗܝ ܕܠܘܬܗ ܡܒܠܐ. ܒܕܡܐ ܗܘ ܕܪܕܐ * ܡܢ ܥܩ̈ܒܘܗܝ ܩܕܫܗ̇: ܘܣܡܝܗ̇ ܒܢܛܦ̈ܐ ܕܕܡܐ ܗܝ ܠܐ ܡܬܚܦܛܢܝܬܐ ܕܚܘܝܐ ܗܘ ܕܢܛܪ ܠܥܩܒܐ ܕܝܠܢ: ܘܕܝܠܗ ܡܬܢܛܪ ܪܫܗ. ܚܢܢ ܗܟܝܠ ܟܕ: ܟܕ ܣܩ̈ܘܒܠܐ ܚܫ̈ܒܐ ܡܙܪܥ ܠܠܒ̈ܘܬܐ ܕܝܠܢ ܫܐܕܐ: ܠܫܘܪ̈ܝܐ ܒܕܡܘܬ ܪܫܐ ܙܕܩ ܠܢ ܠܡܛܪ. ܗܘ ܕܝܢ. ܠܥܩ̈ܒܬܐ ܐܘ ܗܟܝܠ ܗܠܟ̈ܬܐ ܕܡܚܫ̈ܒܬܐ ܕܝܠܢ ܕܠܐ ܡܬܝܕ̈ܥܢ ܐܢܘܢ ܠܗ ܢܛܪ: ܡܢ ܩ̈ܠܐ ܗܟܝܠ ܕܡܢ ܠܒܪ ܐܘ ܡܥܒ̈ܕܐ. ܐܝܟܢܐ ܕܗܟܢܐ ܡܢ ܪܚܡܬܐ ܕܗܢܝܘܬܐ ܠܘܬ ܓܘܡܨܐ ܕܚܛܝܬܐ ܢܕܚܘܩ ܠܢ ܘܢܘܒܕ ܡܪܝܪܐܝܬ. ܡܛܠ ܗܢܐ ܕܝܢ ܟܠܗܘܢ ܒܢ̈ܝܬܐ ܦܐܝܢ ܕܐܬܪܐ: ܟܕ ܡܢ ܥܒܕܘܬܐ ܕܫܐܕܐ ܒܚܝܠܬܢܘܬܐ ܘܠܐ ܕܚܠܬܐ: ܘܟܕ ܠܐ ܡܬܢܟܠܝܢ ܡܢ ܢܛܘܪܐ ܕܥܩܒܐ: ܠܘܬ ܒܝܬܐ ܕܒܝܬ ܣܗܕܐ ܕܝܠܗ ܗܘ ܗܕܝܪܐ ܘܡܝܩܪܐ ܐ̇ܪܗܛܝܢ. ܟܕ ܡܩܒܠܝܢ ܥܠܝܗܘܢ ܢܝܪܐ ܕܝܕܥܬܐ ܕܐܠܗܐ ܗܝ ܕܒܡܫܝܚܐ܀

ܚܙܝܢ ܐܢܬܘܢ ܕܐܝܟ ܐܝܠܝܢ ܐܝܬܝܗܘܢ ܡܐܟܘܠ̈ܬܗ ܕܚܫܡܝܬܐ: ܗܝ ܕܒܗ̇ ܠܟܠܝܬܘܢ ܠܝ: ܟܕ ܒܥܘܬܪܐ ܕܪܚܡܬܐ ܐܝܬܝܟܘܢ. ܡܚܘܘ ܡܫܡܠܝܐܝܬ ܠܗܕܐ ܚܫܡܝܬܐ: ܘܗܒܘ ܠܝ ܨܠܘ̈ܬܐ ܕܝܠܟܘܢ: ܟܕ ܒܥܝܢ ܐܢܬܘܢ ܡܢ ܡܫܝܚܐ ܐܠܗܐ ܗܘ ܕܐܚܝܕ ܟܠ: ܕܢܬܠ

* fol. 111 v° b.

la langue du pays Reçâpha il déposa la poussière vénérée de son corps qui opère des milliers de prodiges et de cures; il sanctifia toute la route qui y conduit par le sang qui coula * de ses talons, et il aveugla par les gouttes de ce sang l'œil impudique du serpent qui épie notre talon et dont la tête est épiée[1]. Nous donc, lorsque le démon sème dans nos cœurs des pensées perverses, nous devons épier les commencements à l'instar de la tête. Lui, de son côté, il épie les talons, c'est-à-dire la marche de nos pensées qui lui sont inconnues, au moyen des paroles ou des œuvres externes, afin que de cette manière il nous pousse par l'amour du plaisir dans la fosse du péché et nous fasse périr amèrement. C'est pourquoi les habitants[2] du pays, fuyant avec énergie et vaillance la servitude du démon, sans être nullement lésés par celui qui épie le talon, se rendent vers le monument du martyrium vénéré et honoré de Sergius et prennent sur eux le joug de la connaissance de Dieu qui se trouve dans le Christ.

* fol. 111 v° b.

Vous voyez quels sont les mets du festin pour lequel vous m'avez retenu, vous d'une amitié si riche. Montrez donc ce festin d'une manière complète. Accordez-moi vos prières, en demandant au Christ le Dieu tout-puissant qu'il

1. Cf. Genèse, III, 15, Septante. — 2. Il faut sans doute lire ܡܥܡܪ̈ܢܐ au lieu de ܒܢ̈ܝܬܐ.

ܠܚܐ ܘܪܟܗ ܢܣܡܪ ܒܥܝ ܟܬ: ܗܘ ܘܟܗܐ ܡܪܝܣܐܐ ܝܟ ܘܐܝܠܟܡܚܚܚ. ܟܝܗ ܘܦܐܝܠ
ܠܥܚܣܐܐ ܘܐܡܣܝܟ ܚܡܪ ܐܚܐ ܘܙܡܣܐ ܡܝܣܐܠ. ܗܥܐ ܡܚܚܟܪܝ ܡܠܚܠܡܪ
ܟܠܚܣܝ ܐܡܝܚ܀

me favorise d'un retour bon et qui lui plaise vers la ville d'Antioche. A lui
appartiennent la gloire et le pouvoir avec le Père et le Saint-Esprit maintenant et en tout temps pour l'éternité[1]. Amen !

1. Cf. Ép. de S. Jude, 25.